KB260916

조윤경의
핑크 스튜디오

조윤경의 핑크 스튜디오

초판 1쇄 2008년 1월 20일
초판 발행 2008년 1월 25일
지은이 조윤경
펴낸이 천봉재
편집 장진영
디자인 아이디퍼런스
주소 서울 성동구 금호동 1가 1574번지 1층
전화 02-2299-1290, 1
팩시밀리 02-2299-1292
E-mail minato3@hanmail.net
등록 1998. 8. 13, 제6-1382호

ⓒ 일송북, 2008

ISBN 978-89-5732-072-3 03330

조윤경의 핑크 스튜디오

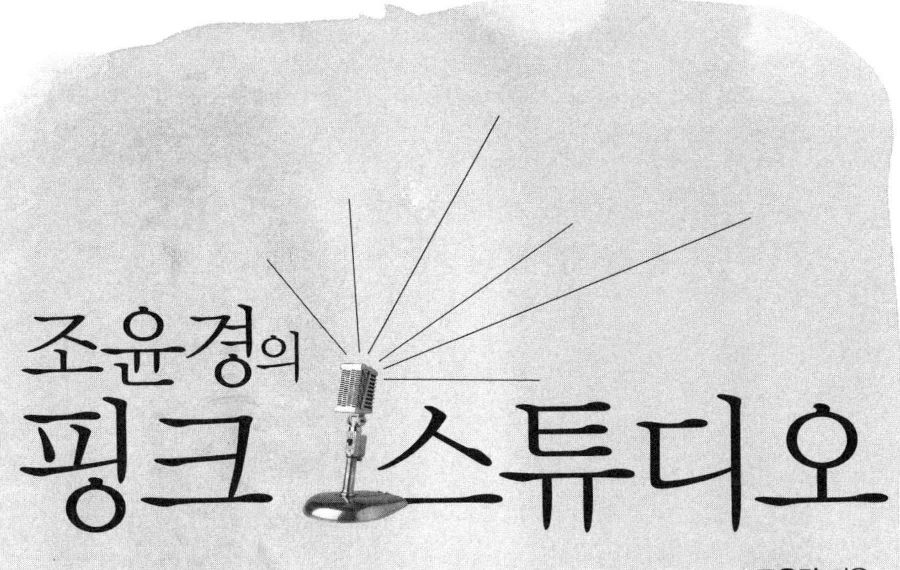

조윤경 지음

알통북

용기가 희망을 만든다

★

구성애(푸른아우성 대표)

나에겐 야릇한 버릇이 있는데 어떤 장면에 숨죽여 집중을 하는 것이다. 한화그룹 회장의 폭행 사건이 여지없이 드러났을 때 당사자는 어떻게 말할까? 학력 위조 사건이 터졌을 때 그 당사자들은 뭐라고 말하나? 사건 자체보다 그에 임하는 사람들이 어떤 사람인지가 더 궁금해진다. 한마디로 용기가 있는 사람인지 아닌지, 마치 '용기'가 모든 가치의 척도인 양 집중을 하게 된다.

용기란 무엇인가?

더 좋아질 수도, 더 나빠질 수도 있는 미래의 두려움을 그대로 품은 채, 처한 현실에서 한 발 더 나가는 결단의 에너지라고 생각한다. 용기는 부정적인 것을 긍정으로 만든다. 절망을 희망으로 바꾼다. 그래서 굴곡으로 점철되는 인생 곡선에서 가장 필요한 에너지인 것이다.

대부분의 사람들은 두려움이 없어질 때까지 기다렸다가 뭔가를 하려고 하기에 평생 그 자리에서 벗어나지 못하고 한탄과 원망만 하다가 생을 마감한다.

전 세계 사람들 중 20%나 될까? 용기있는 사람들이. 저자는 용기로 똘똘 뭉친 여성이다. 자신을 사랑하지 않으면 용기가 나올 수 없다. '진심은 통한다'는 세계관이 있어야 용기가 생긴다. 모든 부딪힘을 배움으로 여길 때 용기는 더 '큰 용기'로 발전한다. 저자는 이 모든 것을 자신의 삶 속에서 절절하게 만들어내고 있다.

나는 평소 장애인에 대해 '선물'로 생각하고 있다. 그들은 여러 가지 불편한 점이 많겠지만 나에게는 용기를 주는 선물일 뿐이다. 나는 그들을 동정하지 않는다.

자신의 잠재력을 모르고, 자신의 껍질 속에 머물러 스스로 동정을 요하는 장애인들에게는 안타까운 심정일 뿐이다. 제도와 정책이 엉망이더라도 그것을 고칠 사람 또한 당사자들이다. 장애인의 성이 엉망이더라도 아름다운 성을 만들어가는 사람이 있을 때 그때야 비로소 희망이 생기고 기준이 생긴다.

내가 만난 장애인 중에서 가장 멋지게 살아가고 있는 사람. 그녀가 바로 조윤경 씨다. 장애인으로서 아름다운 성을 일구어낸 조윤경 씨를 존경하며 용기 덩어리인 그녀가 이 책을 출간하게 된 것을 진심으로 축하한다.

주먹 만한 눈덩이가 눈사람을 만들듯이 지금의 '장애인 푸른 아우성'이 앞으로 멋진 '용기의 눈사람'으로 발전되기를 간절히 바란다.

제3부 ★ 장애인의 푸른 아우성

제1부

★

아나듀오 조윤경의 행복찾기

첫 방송

굳게 닫힌 문 위로 '방송중' 이라는 빨간 불빛이 번쩍 들어온다. 이어지는 피디 언니의 큐 사인. 휠체어 손잡이를 꼭 잡았다. 입 인의 침이 꼴깍 넘어간다. 약간 기울어진 머리의 각도 때문일까. 헤드폰이 자꾸 흘러내리고, 얼굴이 진땀이 흐른다. 일반인들에게는 별 문제 없는 헤드폰의 무게가 나에겐 아무래도 좀 버겁게 느껴진다.

"여러분은 어떤 때 욕망을 느끼시나요? 누군가의 손이 여러분의 무릎을 스쳤을 때? 아니면 방문을 걸어 잠그고 혼자 몰래 비디오를 볼 때? 멋진 이성을 보았을 때? 앗! 나의 실수. 첫 방송의 첫 질문치고는 너무 야한 것 같네요. 그럼 좀 다른 질문을 던져 볼게요. 여러분은 어떤 때 사랑을 느끼시나요?"

막아놓았던 둑이 뚫려 봇물이 터지듯 말이 쏟아져 나온다. 창 너머에 앉아 있는 피디 언니가 고개를 절레절레 흔들고, 대본을 보라는 신호가 이어진다. 아무려면 어떤가. 바로 이 순간, 나는 내가 세상에서 가장 하고 싶었던 질문을 장애인 친구들에게 던졌다. 아니, 전국에서 이 방송을 듣고 있는 모든 청취자에게 던졌다.

"미국의 어느 심리학자는 사랑, 즉 LOVE를 다음과 같이 풀이했습니다. L은 Listen 마음으로 듣기, O는 Overlook 실수를 눈감아주며, V는 Voice 마음을 소리로 나타내고, E는 Effort 사랑하는 노력을 게

을리하지 않는 것이라고요. 여러분! 장애인이나 비장애인이나 우리 모두의 가슴 속에는 사랑이 존재하고 있습니다. 저, 조윤경, 오늘부터 방송을 통해 여러분의 마음 속 사랑을 끄집어내도록 노력할게요. 그리고 그 사랑을 어떻게 표현해야 하는지에 대해서도 같이 이야기 나눠보도록 해요. 그럼, 오늘의 첫 곡부터 듣겠습니다. 제가 가장 좋아하는 가수인 조성모님의 노래를 골라보았습니다. 음악 큐!"

마이크가 꺼지고 스튜디오 안에 음악이 흐르기 시작했다. 길지 않은 오프닝 멘트였지만, 벌써 등이 땀으로 축축하게 젖어 있었다. 한편으로는 가슴 속 깊숙한 곳에서 서서히 흥분과 격앙된 감정이 북받쳐 올라오기 시작했다. 내가 라디오 DJ가 되다니! 뇌성마비 중증 장애인 조윤경이 라디오 생방송을 하게 될 줄 누가 상상이나 할 수 있었겠는가!

오늘부터 내가 몸담게 된 이 방송국은 여러분 모두가 알고 있는 유명한 공중파 방송국이 아니다. '민중의 소리' 라는 인터넷 방송국이다. 아마, 아는 사람보다 모르는 사람이 훨씬 더 많을 것이다. 하지만 이 방송을 듣는 수백 명의 청취자가 존재하고 있다는 것만으로도 가슴이 벅차오른다. 그들은 나와 같은 장애인이거나 이 사회의 소외된 계층에 대해 관심을 가지고 있는 분들이다. 더 바랄 것도 없이, 그 정도면 충분하다.

내가 처음 라디오 디제이를 하게 되었다는 소식을 전했을 때, 사람들의 반응은 두 가지로 나뉘었다. 나를 잘 알던 사람들은 대부분 "정말 못 말려. 하지만 넌 충분히 하고도 남지."하며 격려를 해 주었다. 하지만 나와 안면만 튼 사람들은 하나같이 날 이상한 눈으로 쳐다보았다.

어떤 이는 조심스럽게 나에게 말을 건넸다. "너무 힘들지 않을까요? 방송이란 게 순발력이 필요한데……." 사지를 움직이지 못하는 중증 장애인이 라디오 디제이를 한다는 사실을 믿기 힘들었을 것이다.

하지만 나는 자신 있었다. 라디오 디제이는 내가 중학교 시절부터 간직해온 나의 첫 번째 꿈이었으니까. 나는 잠자리에 들기 전까지 하루에도 수십 번씩 디제이 흉내를 내보곤 했었다. 놀랍게도 공상 속에서 이루어진 그 경험이 100% 유효하다는 것을 지금 실감하고 있다.

시간이 흘러갈수록 녹음실 밖 피디 언니의 표정이 밝아진다. 여유가 생겼는지 멘트가 끝날 때마다 눈을 찡긋거리기까지 한다. 그럼 그렇지. 내 끼와 재능을 어떻게 몰라볼 수 있겠어. 난 빙긋 웃으며 손가락으로 오케이 사인을 보냈다.

음악이 흐르자 내 얼굴이 리듬을 따라 조금씩 흔들리기 시작했다. 새벽부터 일어나 잠을 설치며 고른 치렁치렁한 귀걸이가 볼을 때렸다. 그 때, 한 가지 생각이 머리를 스쳤다.

'아차, 이건 텔레비전이 아니라 라디오지. 괜히 멋을 잔뜩 부렸네.'

얼굴이 나오는 TV 방송도 아닌데, 아침 내내 화장을 하고 옷과 액세서리를 고르느라 부산을 떤 것이다. 립스틱을 발랐다 지웠다, 귀걸이를 했다 뺐다를 반복했으니 옆에서 날 지켜본 남편이 속으로 얼마나 웃었을까. 어쨌거나 상관없다. 난 지금 최고로 행복하니까!

헤르만 헤세는 사랑은 우리를 행복케 하기 위함이 아니고 우리가 고통 속에서 얼마나 강하게 견딜 수 있는가를 느끼게 하기 위해 존재하는 것이라고 하지 않았던가! 난 이 방송을 통해 장애인들이 고통을 사랑으로 이겨낼 수 있도록 도울 것이다. 그들이 마음껏 사랑하고, 섹스하고, 결혼하고, 출산하는 기쁨을 누릴 수 있도록 안내할 것이다. 사랑이 성공했을 때 더욱 부드럽고 강해진 자신을 발견하는 기적을 맛볼 수 있도록 할 것이다.

여러 가지 상념이 머리꼭대기까지 모락모락 피어올랐을 무렵, 다시 피디 언니의 큐 사인이 떨어졌다. 이번엔 홍신자님의 책을 읽고 느꼈던 부분에 대해 쓴 원고를 읽을 차례다.

"무엇이든 할 수 있는 자유, 아무 것도 하지 않을 자유란 무슨 뜻일까요? 무엇이든 하고 싶지만 정작 할 수 있는 것이 별로 없고, 아무 것도 하고 싶지 않은데 무엇이든 해야만 하는 우리 삶을 표현한 말일 거예요. 여러분은 어떠세요? 정말 하기 싫은데 어쩔 수 없이 하는 일이 많으신가요? 아니면 정말 하고 싶은데 엄두도 못내는 경우가 많으신가요? 결국 인생이란 두 가지 자유를 찾아 헤매는 과정이 아닐까 싶습니다. 저는 여러분과 함께 장애인의 사랑에 대해, 그리고 우리의 자유에 대해 마음껏 이야기를 나눌 것입니다. 그것이 오늘 방송을 시작한 조윤경의 마음이자 다짐입니다."

여기까지 말을 마치자 갑자기 눈앞이 왈칵 흐려졌다. 세상에 발을 처음 디딘 기분이라고 해야 할까, 막혔던 통로가 갑자기 뻥 뚫린 기분이라고 해야 할까. 마치 내 앞을 가로막고 있던 커다란 장벽을 넘어선 느낌이 들었다. 나는 떨리는 목소리로 겨우 다음 멘트를 끝냈다. 스튜디오가 활기찬 음악으로 들썩거리며 울리기 시작했다.

그래, 천방지축 조윤경! 이제 시작이야. 바로 지금이 네 생애의 최고의 순간임을 잊지 마!!

아나듀오, 나의 두 번째 이름

라디오는 TV와 다르게 친근하고 간편하다는 장점을 가지고 꾸준히 청취자를 만나고 있는 매체이다. 현재 공중파 라디오 방송 외에도 10개가 넘는 DMB 오디오 채널과 지역 중심의 지역 라디오 방송이 계속하여 생겨나고 있다. 하지만 안타까운 것은 이렇게 다경쟁 시대의 다채널 사회에 살고 있으면서도 막상 장애인을 위한 채널이 사실상 전무하다는 사실이다.

항상 이 점에 불만을 가지고 있던 어느 날, 나의 이런 불만을 한방에 해소시켜 줄 수 있는 기찬 아이디어를 만나게 되었다. 내 인생의 터닝포인트라고도 할 수 있는 영화 〈라디오스타〉와의 첫 만남이 이루어진 것. 라디오 DJ로 컴백한 철없는 락스타 최곤(박중훈)을 만나면서 나의 인생에 환한 청신호가 켜지기 시작한 것이다.

선곡 무시는 기본에 시청자에게도 하고 싶은 말을 다 하며, 심지어 부스 안으로 커피까지 배달시켜 먹는 최곤. PD와 지국장마저 최곤에게 손을 들고 될 대로 되라는 식으로 하루하루를 보내던 어느 날, 최곤은 커피 배달 온 터미널 다방 김양을 즉석 게스트로 등장시키고, 그녀의 사연은 많은 이들의 심금을 울린다. 그 사이 '이스트 리버'라는 최곤의 추종자이자 영월의 유일한 락 밴드는 정오의 희망곡 팬 사이트를 만들어 방송을 홍보하고, 김양의 방송 이후 '최곤의 오후의 희망곡'은 활기를 띠기 시작한다. 영월 주민들의 즐거움이자 고민상담소로서 자리를 잡아가는 방송. 바로 그것이 내가 찾아헤매던 질문에 대한 대답이었다.

머뭇거릴 이유가 없었다. 즉시 내 생각을 실천에 옮기기 위해 남편을 통해 라디오 방송국을 알아보기 시작했다. 자세히 알아보니, 이미 소규모 지역방송국에서 조금씩 시행되고 있는 저예산 운영 시스템이 존재하고 있었다. 바로 1인 라디오 시스템, 아나듀오(Anaduo = 아나운서＋프로듀서＋오퍼레이터) 시스템이었다. 처음엔 저예산의 이점을 가지고 시작한 1인 라디오 시스템이지만, 지금은 라디오 방송에서 전달자의 기획 의도와 취지를 효율적으로 전달할 수 있는 내용상의 장점까지 부각되면서 미래 라디오 방송 형태의 대안으로 떠오르고 있다는 반가운 내용이었다. 나는 마음 속으로 쾌재를 불렀다.

행동을 개시하자 일은 생각보다 일사천리로 쉽게 풀려갔다. 이미 인간극장을 통해 사람들에게 유명인사가 되어 있었던 터라 민중방송국에서 기꺼이 생방송 채널을 내어준 것이다. 왜 그때까지 그 생각을 못했던 것인지, 지나간 시간이 안타까울 뿐이었다.

물론, 나는 사지를 자유롭게 움직이지 못하기 때문에 진정한 의미의 아나듀오로 방송을 진행하기는 아직 힘들다. 자유자재로 방송기재를 컨트롤할 수 없기 때문에, 방송국의 배려로 기계를 조작하고 전체 컨트롤을 맡아 주시는 피디 언니가 나와 함께 일을 한다. 물론 대본은 처음부터 끝까지 온전히 나만의 것이다. 아나듀오를 이 분야 사람들은 '팔방미인'이라고 부르니, 그 의미를 알 만도 하다.

어떤 이들은 나의 경우처럼 생각한 것을 즉시 행동에 옮겨 직업으로까지 연결할 수 있는 경우가 어디 그리 쉬운 일이냐고 반문하실 것이다. 맞다. 나는 억세게 운이 좋은 사람이다. 현실적으로 나처럼 운이 좋은 사람이 아니라면 이런 일들을 해내는 것은 무척 힘겨울 수밖에 없다. 이 모든 일이 단순히 장애인 스스로의 각성과 반성, 노력에 의해서만 이루어지는 것은 사실상 불가능하다. 사회나 국가가 어느 정도 지원을 해 주지 않으면 힘들다는 것이다. 많은 장애 단체들이 존재하고 있지만, 그 현실을 들여다보면 그리 희망적인 것만은 아니다.

우리나라에는 수많은 장애 단체들이 있다. 각 장애 유형별로 많은 단체들이 존재하는데, 지금도 많은 장애인 자립 생활 센터들이 노래방, PC 방처럼 우후죽순 생겨나고 있다. 각 단체별로, 자립생활센터별로 성격이 다르기 때문에 단체가 다양하게 생겨나는 것은 당연한 것이라 생각한다. 하지만 여기서 난 한 가지 의문을 제시하고 싶다.

이 단체들이 정말, 진정으로 장애인들을 위한 단체인가? 이 단체에 속해 있는 장애인 스스로는 자신의 단체를 위해 얼마나 노력하고 있는가?

내가 알고 있는 많은 단체의 경우만 보아도 대부분이 'NO' 라는 대답을 할 것이 분명하다. 서로 뭉쳐야 할 단체들이 성격이 다르다고 하여 본래의 목적이나 의도에 맞지 않게 서로 비방하고 헐뜯는 경우가 너무 많기 때문이다. 이 과정에서 장애인의 의견이나 욕구는 무시되기 일쑤이다. 이런 모습을 보고 있자면 앞으로도 우리가 가야 할 길이 너무나 멀다는 생각이 든다.

청취자들이 보내는 엽서에서도 종종 그런 의견이 눈에 띈다. 중증 장애인을 장애인 단체의 소장으로 세워놓은 다음, 그를 이용하여 돈을 가로채는 실무자가 있다는 이야기도 있었다. 정말 충격적이지 않을 수 없다. 경제 활동을 하지 못하는 중증 장애인은 생활보호대상자로 지정되어 받는 돈이 유일한 생계 유지 수단이다. 그런데 이런 중증장애인을 소장으로 앞세우면 월급을 받는다는 명목으로 생활보호대상자에서 제외가 된다. 그렇게 억지로 소장을 만든 뒤, 정작 받아야 할 월급의 대부분을 실무자가 가로챘다는 사연이었다. 그 날 방송에서 난 울분을 터트렸다. 그나마 한 가지 위안이 되었던 것은 내가 이런 숨겨진 비리와 어두운 면을 방송을 통해 만천하에 공개할 수 있다는 사실이었다.

나를 곱지 않은 시선으로 바라보는 사람들도 있을 것이다. 하지만 단 한 사람이라도 내 방송을 듣고 시행착오를 겪지 않을 수 있다면, 피해를 조금이라도 줄일 수 있다면 그보다 더 의미 있는 일이 어디 있겠는가. 진정으로 속은 곪아 썩어 들어가는데 겉으로는 장애인 운동을 한다고 과대포장광고를 하고 있는 단체들이 과감히 걸러지기를 바란다.

장애인들이 사회적 약자이고 소수자들이기 때문에, 스스로 똘똘 뭉쳐야 힘이 강해지는 것은 사실이다. 하지만 장애인도 사람이다. 장애인 운동을 한다고 해서 무조건적으로 자기 자신을 희생할 수는 없는 일이다. 그것은 진정한 의미의 장애인 운동이 아니다.

이런 사실들을 우리 장애인들이 먼저 느끼고, 깨달아야 한다. 그래야 우리가 진정 원하는 것이 무엇인지 스스로 찾아나갈 수 있다. 우리는 고액의 월급을 바라지 않는다. 그렇다고 하여 우리의 전 재산을 담보로 장애인 활동가로 활동할 수도 없는 노릇이다. 우리도 평범한 사람들처럼 열심히 일하고, 땀 흘리고, 일하는 보람을 만끽하고 싶을 뿐이다. 장애 정도에 따라 보조금을 책정하여 사료를 주듯 먹여주는 것이 장애인을 위하는 것이 아니다. 장애 정도에 따라 그에 맞는 일을 할 수 있도록 해 주는 것이 바로 장애인 운동이다.

사람은 태어나서 자기가 가진 능력의 10%도 발휘하지 못하고 죽는다고 한다. 그래서인지 요즘 사회는 개인에게 점점 더 멀티미디어적 능력이 구현되길 바란다. 장애인이라고 이 대열에서 벗어날 수 있겠는가!

그런 의미에서 아나듀오 조윤경, 나는 내 스스로가 대견하고 자랑스럽다. 노동할 수 있는 자리를 스스로 찾았고, 또 지금까지 열심히 일하고 있으니까. 나는 당당히 한 사회의 일원으로 땀 흘려 일하고 있다. 그리고 앞으로도 계속 경쟁력을 키워나갈 것이다.

나의 두 번째 이름은 아나듀오이다.

남편은 방송 스타

아시는 분들은 다 아시겠지만, 나는 나보다 더 유명한 방송 스타 남편과 함께 산다. 남편이 연예인이어서 방송 스타인 것이 아니다. 몇 번의 다큐멘터리와 시사채널에 나와 함께 소개된 것뿐인데, 길가는 사람마다 남편에게 반가운 인사를 더 많이 건네는 걸 보면 아무래도 나보다 더 인기가 많은 것 같다.

끼 많은 아내와 함께 살다보니 어느덧 끼 많은 남편으로 변한 것일까. 남편이 가지고 있는 가장 큰 장점은 불가능해 보이는 아이디어를 현실화시키는 기가 막힌 전술을 구사하는 것이다. 라디오 디제이의 꿈을 간직하고 살던 나를 기어코 방송국의 마이크 앞으로 끌어낸 것도 남편이었다. 겉으로 보기엔 마냥 선하고 좋기만 한 사람, 늘 묵묵하게 장애인들을 위해 발벗고 일하던 사람, 그런 사람의 어디에 그런 진취적인 기운이 숨겨져 있었던 걸까.

남편 덕분에 나는 방송에 새로운 코너 하나를 신설하였다. 이름하여 〈모모와 제제의 러브스토리〉. 청취자 여러분에게 '사랑'과 '성'에 대해 이야기하자고 큰소리쳤으니, 남녀 주인공 두 명 정도는 확보를 해 놓는 것이 좋을 것 같았다. 뭐든 실제로 느끼는 것이 학습 효과가 큰 법이다. 물론, 주인공은 남편과 나다.

남편은 나와 반대인 성격을 가지고 있으면서도, 나와 많은 공통점을 가지고 있다. 나와 가장 비슷한 점은 쉽게 불만을 드러내거나 힘든 기색을 내보이지 않는다는 것이다. 둘 다 서로 가지고 있는 감정이나 생각을 입 밖으로 잘 드러내지 않다 보니, 결혼 초기에는 사소한 일로 말다툼도 많이 했다. 이제는 눈빛만 봐도 척 통하는 부부가 되었지만 말이다.

그러나 나에게는 나만의 스트레스를 푸는 방법이 있다. 바로 한 잔의 술. 가슴 속 깊이 고통과 슬픔이 차오를 때, 또는 기쁨과 행복이 차오를 때 마시는 한 잔의 술은 나의 지친 육신과 마음을 달래준다. 내 자신이 지치고 힘들 때, 목적했던 일이 잘 풀리지 않아 몇 번이고 포기하고 싶을 때 사용했던 방법이기도 하다. 다시 시작하는 것은 몇 번이고 의미가 있고 소중하다. 중요한 것은 좌절감이 엄습해 올 때 밝게 웃으며 즐거운 것으로 바꿔 가겠다고 하는 마음의 자세이다. 그래서 나는 요즘도 지인들과 함께 나누는 술 한 잔의 기쁨을 뿌리치지 못한다.

남편 역시 술을 즐기는 아내와 살다보니 꽤 주량이 늘었다. 성한 사람이 몸은 움직이지도 못하는 주제에 큰소리란 큰소리는 다 치는 아내와 함께 살려니, 그 맘고생이야 어디 말로 표현할 수 있겠는가. 때로는 쉬고 싶을 것이다. 때로는 떠나고도 싶을 것이다.

남편의 마음을 다 알면서도, 그 마음을 다 인정하기까지 꽤 오랜 시간을 보내야 했었다. 그럴 수밖에 없었다. 남편이 당장 나를 버리고 어디론가 떠나도, 나는 그의 바짓가랑이조차 잡지 못하는 중증 장애인이니까. 내가 남편에게 절대적 약자라는 생각이 나의 인내심을 갉아먹었던 때가 있었던 것이다. 하지만 지금은 두렵지 않다. 남편과 나는 필요에 의해 서로의 곁에 있는 것이 아니기 때문에. 우리는 사랑하기에 함께 있는 것이다.

사실, 방송을 하거나 인터뷰를 할 때 장애인과 사는 성한 남편에 대해 스포트라이트가 쏟아지는 점에 대해 불만을 느낀 적도 많다. 처음에 사람들의 관심은 온통 '착한 남편'에게 맞춰져 있었으니까. 유명해지고 싶은 사람은 나인데, 오히려 나로 인해 남편이 유명인이 되는 것이 불공평하게 느껴지기도 했다. 나는 그만큼 세상에 대해 목말라 있었다. 세상 사람들이 나에게 관심을 가져주길, 그리하여 내가 좀 더 큰 목소리로 많은 이야기를 세상에 전달할 수 있길 바라고 있었다. 그러나 어쩌겠는가. 현실이 그렇지 않은 것을.

남편은 방송스타가 된 이후에도 묵묵하게 나를 위해 최선의 조언을 해 주며 나를 이끌어주었다. 그리고 어느 날, 나에게 포커스가 맞춰진 방송 프로그램 출연 이후로 나를 알아보는 사람들이 늘어나기 시작했다.

"어머, 아침 방송에 나왔던 조윤경씨 맞죠? 정말 반가워요."

사람들이 조윤경이라는 내 이름을 부르기 시작한 것이다. 더 이상 장애인이 아니었다. 나는 조윤경이라는 한 인간으로 다시 태어난 것이다.

내 인생의 진정한 스타가 되고 싶다. 나의 남편에게, 내 아이에게, 내 가족에게. 그리고 더 나아가 세상 사람들에게 장애인의 현실을 알리는 도우미로서 말이다.

세상에 말 걸기

"어제까진 무척 따뜻한 날씨였죠? 하지만 오늘 오후부터 갑자기 기온이 많이 떨어진다고 하네요. 밖에 외출하실 분들은 꼭 겉옷을 챙겨 입고 나가세요. 약간 두꺼운 니트 정도면 될 것 같네요. 저는 다음 시간에 돌아오겠습니다. 장애인과 비장애인의 평등한 세상을 위하여! 조윤경이었습니다."

오늘도 나의 방송분이 무사히 끝났다. 방송 경력이 일 년이 다 되어 가다보니, 이제 제법 디제이 티가 많이 난다. 내가 방송을 할 때마다 빠트리지 않고 전하는 일기예보 덕분에 도움이 많이 된다는 독자편지도 수없이 받았고, 방송을 듣고 음악을 즐기는 법을 알게 되었다는 장애인 친구들도 많이 만났다. 그렇다. 방송은 나를 세상 밖의 사람들과 인연을 맺게 해 준다. 소통을 가능하게 해 준다.

소통은 많은 불가능한 것을 가능하게 한다. 소통은 막힘없이 잘 통하는 것이다. 우리가 상대방의 이야기를 귀 기울여 듣는다면, 그들도 우리의 이야기에 귀 기울일 것이다. 우리가 그들의 이야기를 이해하고 받아들여준다면 그들도 그렇게 할 것이다. 사람과 사람, 사람과 조직 관계에서 서로의 의사를 제대로 전달하지 못하면 오해가 생기고 그 오해로 인해 여러 문제들이 발생한다. 아주 작은 오해가 큰 문제를 만들어내는 일도 적지 않다. 우리는 직장, 학교, 심지어 가족 관계에서도 이런 일을 심심치 않게 경험하곤 하지 않는가. 이 모든 문제의 근본 원인이 '소통의 부재'라고 해도 과언이 아닐 것이다. 주변에 대한 아주 작은 관심과 배려, 그것으로 소통이 시작되며 우리가 가지고 있는 많은 갈등의 해결 실마리가 주어진다.

내가 방송을 하는 이유, 방송을 할 수밖에 없는 이유의 첫 번째가 바로 '소통'이다. 라디오, 즉 방송은 나를 세상 밖으로 연결시켜주는 가장 강력하고 확실한 소통 도구이다. 장애인들은 비장애인들처럼 감수성을 나눌 수 있는 통로가 거의 없다. 편지를 쓰기도 힘들고, 책을 읽기 힘든 경우도 많다. 라디오는 그 중 가장 많은 이들이 서로 소통할 수 있는 매체이다. 실제 통계를 봐도 라디오에 의존하고 있는 장애인의 수는 매우 많은 것으로 나타났다.

소통은 많은 불가능한 것을 가능하게 한다. 방송을 통해 전해지는 격려 한 마디가 좌절에 빠진 사람을 기적처럼 살려낼 수도 있다. 나보다 더한 상황에 있는 다른 친구들의 이야기 속에서 새로운 희망을 찾을 수도 있다. 한 번도 보지 못한 사람에게 따뜻한 마음을 전달할 수도 있다. 말 그대로 라디오 방송은 '쌍방향 소통 도구'이다.

방송을 해야만 하는 큰 이유는 한 가지가 더 있다. '장애인의 성(性)과 사랑'에 대한 담론을 대중적으로 꾸준하게 쌓아나갈 수 있는 통로가 될 수 있다는 것이다. 넓고 추상적으로 보자면 불특정 다수의 사람들과 이야기를 나누고 싶어한다고 볼 수 있다. 하지만 더 깊은 이면에는 '사랑할 권리'에 대한 구체적인 이야기를 나누고 싶다는 속내를 가지고 있는 것이다. 많은 분이 알고 있는 것처럼 나는 현재 '장애인 푸른 아우성'이라는 단체의 대표로 활동하고 있다.

"저는 장애인 성에 대한 이야기를 하며 과학적인 면들, 예를 들어 성기의 구조라던가 콘돔 사용법, 오르가즘에 이를 때 뇌에서 어떤 신경이 작용하는 것인지 등등에 대한 이야기는 하지 않겠습니다. 그런 정보는 어디서나 아주 쉽게 접할 수 있으니까요. 저는 말 그대로 여러분과 '장애인의 성' 그 자체에 대한 이야기를 하고 싶습니다. 장애인은 욕망을 거세시킨 존재가 아닙니다. 또한 비장애인보다 순수하고 아름다운 존재도 아닙니다. 우리는 비장애인과 마찬가지로 욕망을 가진 평범한 인간입니다. 우리에게도 이성을 만나고, 섹스하고, 사랑할 권리가 있습니다!"

나의 열정적인 멘트에 장애인들이 환호성을 지른다. 장애인으로서 비장애인을 언제까지 부러워만 하고 살아갈 것인가. 장애가 없는 삶을 꿈꾸며 허송세월을 보내는 것보다 나의 장애를 인정하고 그 안에서 해결책을 찾는 것이 행복으로 가는 지름길이다. 특히, 성과 사랑의 문제에 있어서 우리는 많은 편견을 깨나가야 한다. 새로운 것을 내 안으로 받아들이고 거기에 익숙해지기까지는 적지 않은 시간이 걸린다. 비장애인들에게 있어서 장애인의 모습은 익숙하지 않다. 거기서 오는 어색함이 사랑을 하는데 방해가 될 수도 있다. 그러나 이성에 대한 설레임과 호기심만 있으면 사랑을 하는데 큰 어려움이 없다. 사랑의 방법은 서로의 지혜를 모아 해결해 나가면 된다.

너무나도 다른 개성을 가지고 있는 사람과 사람, 사람과 조직이 호흡을 잘 맞출 수 있는 길은 서로간의 원활한 소통에 있다. 나는 특히 장애인들이 이 세상에서 당당이 자신의 몫을 담당하기 위해서는 더 많은 소통의 시간을 가져야 한다고 생각한다. 머릿속으로, 마음속으로 품고 있는 생각은 아무런 소용이 없다. 입 밖으로 내놓아야만 전달될 수 있다. 나는 그런 친구들의 전령사 역할을 해 나가고 있다. 많은 사람들이 마음의 빗장을 열고 나를 통해 세상 밖으로 자신의 말을 전달하길 원한다.

나는 전화받는 것을 꽤나 좋아한다. 물론, 휠체어에 앉아 목에 걸린 전화기를 잡고 폴더를 열어 귀에 대기까지는 시간이 좀 걸린다. 하지만 나와 소통하고자 하는 이들이 아주 조금만 그 시간을 인내해 준다면, 나는 그들에게 기꺼이 나의 시간과 말을 내어준다. 그 뿐인가. 나는 술 마시는 것을 즐긴다. 언제든 나와 한잔 하고 싶은 사람은 '오늘 술 한 잔 어때?' 라는 메시지만 보내면 오케이다. 나는 내가 할 수 있는 모든 소통의 방법을 즐긴다.

소통을 통해 타인에게 나의 어떤 것이 옮겨지길 희망한다. 그들 속에 들어간 나의 말들이 희망의 알갱이가 되어 몸 속 구석구석 퍼지길 기도한다. 그것이 그들을 향한 나의 최선의 배려이며, 나눔이다. 그런 이유로 나는 어느 누구와도 잘 소통하길 희망한다.

이 책이 세상에 나간다면 나는 세상과 소통할 수 있는 방법을 하나 더 추가하는 셈이다. 반대로 그것이 이 책을 내는 이유이기도 하다. 방송이든, 책이든, 이 모든 것은 내가 세상에 말을 거는 방법이다. 그리고 나의 말을 들은 사람들이 다시 나에게 말을 걸어주길 바란다.

핑크 스튜디오와 섹슈얼리티

일반 독자 여러분들이나 장애인의 성에 대해 아무런 사전지식이 없으신 분들이라면 귀를 의심하실지도 모르겠다. 뭐라고? 장애인들이 섹스를 한다고? 사랑을 한다고? 내가 잘못 들은 게 아닐까? 하지만 분명하게 들으셨다. 나는 분명히 '섹스'라고 말했다. 이 책뿐만이 아니라 전국으로 퍼지는 방송에서도.

내가 일상생활이나 방송을 통해 하도 '성'이니 '섹스', '사랑'이란 말을 자주 하다보니, 내가 방송하는 스튜디오에도 자연스럽게 별명이 하나 생겼다. 이름하여 '핑크 스튜디오'.

'핑크 스튜디오'란 이름, 참 맘에 든다. '핑크'란 단어가 '사랑'을 떠올리는 상큼발랄한 컬러이면서, 그와 동시에 '야함, 섹스' 등 성적 이미지를 내포한 단어이기 때문이다. 얼마나 멋진 표현인가. 딱 내가 생각하는 그대로다.

이왕 이야기가 나온 김에 '섹스'에 대한 이야기를 좀 더 해 볼까? 나는 섹스가 즐거운 놀이라고 생각한다. 관계가 오래된 커플들은 섹스의 최대의 적이 지루함이란 사실을 잘 알고 있지 않은가. 더 많은 사람들이 섹스의 장난스러움을 즐겨야 한다. 장난스러운 섹스는 서커스에서 먹는 솜사탕과 같다. 섹스는 배부른 식사는 아니지만, 분명히 즐거운 간식일 수 있다.

단언컨대, 현대 사회를 살아가는 많은 어른들은 노는 방법을 잊어버린 것 같다. 한편 생각하면 노는 방법을 잊어버린 것이 아니라 많은 청구서와 일과 의무가 주는 압박감에 놀고 싶은 마음 자체를 빼앗겨 버린 것 같다. 주위를 둘러봐도 어른들을 위한 모래더미나 놀이터는 없다. 그래서 우리 어른들은 상상력으로 자신의 놀이터를 만들어야만 하는 세상이다. 자신만의 놀이터를 만들 때, 내가 사랑하는 사람과의 섹스를 빼놓을 수 없을 것이다. 섹스는 그런 것이다. 연인과의 유쾌한 몸장난. 그렇기 때문에 섹스는 장애인과 비장애인의 구별을 필요로 하지 않는다.

그렇다면 섹스는 기술일까? 그렇게만 볼 수도 없다. 노련하고 숙련된 기술을 발휘하는 것이 유쾌한 장난이 될 수 있겠는가를 생각해 보면 답은 금방 나온다. 놀이터에서 즐겁게 놀기 위해 무엇이 필요한가. 마음이 잘 맞는 친구, 그리고 즐겁게 놀기 위한 마음가짐, 그 두 가지면 충분하다.

그렇다면 '성'이 가지고 있는 의미는 무엇일까. 장애인이나 비장애인 모두가 진정으로 갈구하고 고민하면서도 해결점을 찾기 힘든 그 무엇.

그것이 바로 '사랑'이 아닐까.

사랑을 품고 서로의 마음을 읽어주는 것이 성의 지향점일 것이다.

인간이 살아가는 모습은 다양하지만 모두가 삶의 만족을 추구하지 않는가. 인간이 살아가는 모습은 다양하지만 모두가 삶의 만족도를 추구하지 않는가. '나'의 정체성을 인정받을 때 행복을 느끼지 않는가. 남녀. 아니, 모든 이의 성 관계도 순간의 쾌락이 모아져서 궁극적으로 행복으로 이어진다고 생각한다.

그렇다면 이제 핑크 스튜디오와 장아성에서 추구하는 '성'에 대해 정리해 볼 차례다.

인간은 누구나 자유롭게 성을 즐길 권리가 있다. 헌법에서도 보장하고 있는 인간의 행복추구권은 매우 신성한 권리이다. 그 권리를 장애인이라고 해서 비껴가서야 되겠는가. 장애는 우리가 선택할 수 있는 성질의 것이 아니지 않은가.

인간의 행복은 인간의 기본적인 욕구 충족을 기반하여 형성된다. 그럼 인간의 기본적인 욕구란 무엇일까? 먹고, 자고, 싸고, 섹스하는 것이다. 아시다시피 생명을 가진 동물이라면 모두 똑같이 가지고 있는 욕구이다. 당연히 모든 사람들이 이 욕구 앞에 평등해야 한다.

하지만 장애인에게 이런 욕구는 사치로 느껴질 만큼 현실 상황은 절망적이다. 내 주위의 너무 많은 장애인들이 기본적인 성욕을 충족시키지 못해 고통스러워하고 있다. 우리를 더욱 좌절시키는 것은, 우리 같은 장애인에게는 아예 성욕이란 것 자체가 존재하지 않을 것이라고 생각하는 비장애인의 무심한 태도이다. 이런 무관심이 우리에게 부메랑이 되어 날카롭게 돌아온다.

혼기가 찬 딸이나 아들을 둔 부모라면 어떻게든 자녀를 결혼시키려고 노력한다. 정작 자녀는 결혼 생각이 없는데도 부모는 여기 저기 짝을 찾느라 분주하다. 만나는 사람마다 붙잡고 좋은 사람을 소개시켜 달라고 조른다. 물론 본인들도 결혼에 대한 화살을 피하기 힘들다.

"넌 연애하는 사람도 없냐?"

"사귀는 사람 있으면 숨기지 말고 소개 좀 시켜줘."

하지만 장애인 자녀를 둔 부모는 어떨까. 자녀의 결혼은커녕 밖에 나가 행여나 사고를 당할까 집에만 꽁꽁 숨겨두기 일쑤이다. 결혼을 위해서는 어떤 노력도 하지 않는다. 아니, 생각조차 하지 않는다. 장애인의 부모는 자녀가 성욕 때문에 고통을 겪을 수 있다는 사실을 인정하지 않으려고 할 뿐만 아니라, 아예 생각조차 못하는 경우가 많다. 왜 이렇게 달라야 하는 걸까. 인간으로 태어난 이상 행복을 추구하고 기본 욕구를 충족하는 데 있어 장애와 비장애가 왜 이렇게 극단적으로 구분되어야 할까.

'장애인 푸른 아우성(이하 장아성)'은 그리하여 탄생하였다. 가끔 우리 단체를 섹스 도우미나 파트너를 찾아주는 곳으로 오해하는 경우가 있는데, 그건 아니다. '장아성'에서는 장애인의 성 정체성을 찾아주고 성에 대한 자기 결정권을 키워주는 것을 목적으로 한다. 자연스러운 만남과 임신, 출산에 대한 상담과 토론도 자유롭게 이루어지고 있다. 인간으로서 가지고 있는 욕구와 본능, 그에 따른 권리와 책임에 대해 당당하게 받아들일 수 있도록 그 방향을 제시하고 있다.

또 장애인 성 아카데미 과정을 개설, 장애 자녀를 가진 부모들의 교육하고, 장애인 학교에 성 상담 전담 교사 양성을 위한 사업을 펼쳐나갈 준비를 하고 있다. 장애인 성 상담 역시 장애유형별, 연령별로 상담사례를 정리하고 데이터베이스화하여 누구든지 성교육에 필요한 교재와 상담 자료를 얻어갈 수 있도록 할 것이다.

핑크 스튜디오는 바로 그 연장선상에 존재한다. 연애도 하고 싶고,

사랑도 나누고 싶은 장애인들이 자신의 욕구를 당당히 드러낼 수 있도록 도와주기 위해. 그리고 이런 장애인을 바라보는 사회의 시각도 바뀌어가길 바라는 마음을 담고. 우리 모두 마음껏 사랑하고, 존중받고, 즐거운 섹스를 하며 행복한 삶을 살 수 있게 되길 바라며.

즐겁고도 엉뚱한 상상

요즘은 방송 대본을 쓰기 위해서 예전의 두 배 분량의 책을 읽어치운다. 어려서 엄청난 양의 책을 읽어치웠지만, 결혼을 한 이후로 독서가 뜸해졌었던 것을 생각하면 새로운 직업이 생긴 이후로 생긴 가장 만족할 만한 변화라 할 것이다. 그런데 다시 독서에 깊이 빠져들면서 새로운 버릇 하나가 덩달아 생겨나게 되었다. 책 속 모든 상황에 내 상황을 대입시켜보는 버릇이 생긴 것이다. 그 버릇은 나를 종종 새로운 세계로 인도한다. 제 스스로 불어난 상상력은 가끔 겉잡을 수 없이 커져 나를 못말리는 몽상가로 만들어버리고 만다.

헬렌 켈러가 쓴 수필을 읽고 나서도 마찬가지였다. 내 아버지는 나를 키우면서 늘 나에게 '한국의 헬렌 켈러'가 되라고 말씀하셨다. 내 영혼의 멘토 헬렌 켈러. 그녀의 질문과 대답은 솔직하면서도 내 자신을 부끄럽게 만들곤 했다. 하지만 그녀의 질문 덕에 나는 수많은 상상의 가지를 한없이 뻗어나가게 할 수 있었다.

헬렌 켈러는 53세에 〈Three Days to See〉라는 수필을 통해 시력과 청력을 잃고 살아온 긴 세월 동안 간절히 보고 싶어 했던 욕망에 대해 썼다. 20세기 최고의 수필이라고 극찬을 받은 만큼, 나 역시 글을 읽는 내내 그녀의 수려한 말솜씨에 고개를 끄덕이지 않을 수 없었다.

"나는 가끔 두 눈이 멀쩡한 친구들에게 그들이 보는 게 무엇인지 알아보는 실험을 해 봅니다. 나는 숲속을 돌아본 친구들에게 무엇을 보았냐고 물었지요. 그들은 "별거 없어."라고 대답했습니다. 내가 그런 대답에 익숙해지지 않았다면 절대 그럴 리가 없다고 생각했겠지만, 나는 이미 오래 전부터 눈이 멀쩡한 사람들도 실제로는 보는 게 별로 없다는 사실을 잘 알고 있답니다. 어떻게 한 시간 동안이나 숲속을 거닐면서도 눈에 띄는 것을 하나도 보지 못할 수가 있을까요? 나는 앞을 볼 수 없기에 다만 촉감만으로 흥미로운 일들을 수백 가지나 찾아낼 수 있는데 말입니다."

그녀의 말에 전적으로 동감한다. 볼 수 있는 눈을 가진 사람들은 그 아름다움을 거의 보지 못한다. 마찬가지로 걸을 수 있는 다리를 가진 사람들은 그 소중함을 제대로 알지 못한다. 헬렌 켈러는 사흘간 볼 수 있게 된다면 자신이 어떻게 그 사흘을 보낼지에 대해 장문의 글을 썼다. 그녀가 가진 마음과 정신이라면, 그녀는 결코 눈뜬 자들이 볼 수 없었던 세상을 보았으리라. 우리가 눈을 사용하는 것과는 전혀 다르게 눈을 사용했을 것이 틀림없다.

상상력은 끝없이 뻗어나가 사람들이 과연 자신의 시각을 어떻게 사용할 수 있을지에 대한 탐구로까지 이어졌다. 만약 나에게 그런 기회가 주어진다면 나는 그 즉시 '내 몸 사용법' 에 대한 장문의 책을 쓸 것이다. 손, 발, 팔, 다리, 그리고 그 이외의 모든 감각을 유용하게 사용하는 방법을 잔뜩 실은 '바디 라이프 매뉴얼 북' 을 말이다.

포르투갈 작가 주제 사라마구가 쓴 〈눈먼 자들의 도시〉란 책을 읽으면서도 예외는 아니었다. '한 명을 제외한 세상 모든 사람들이 눈이 멀어 버리면 어떻게 될까?' 라는 단순한 명제로 시작한 이 책이 나에게 가져다 준 의미는 더없이 각별했다. 만약, 이 세상 사람의 대다수가 나처럼 팔과 다리를 쓰지 못하는 사람들이며, 대다수의 사람들이 휠체어를 사용하고 있다면? 상상만으로도 행복하다. 도시의 모든 계단이 완만한 경사로로 바뀔 것이고, 모든 교통수단이 휠체어를 실을 수 있거나 휠체어를 올려놓고 움직일 수 있는 그 어떤 것으로 바뀔 것이다. 무엇보다 뇌성마비 인간들을 보좌하는 로봇과 시스템이 전격 개발되겠지.

그러나 이 책을 읽으며 느꼈던 이런 즐거운 상상(비장애인들에게는 아니겠지만)은 곧잘 사회에 대한 냉철한 시선으로 바뀌곤 한다. 우리 사회는 대다수의 '비장애인' 들이 지배하고 있다. '비장애인' 들이기 때문에 사회를 지배하고 있는 것이 아니다. 그들이 '대다수' 를 차지하고 있기 때문에, 그들이 사회의 핵심 세력이 되어 사회를 자신들이 원하는 방향으로 이끌고 있는 것이다. 그들에게 우리 '장애인' 들은 '소수자' 이며, '낙오자' 로 비춰진다.

나는 사람들이 한번쯤은 소수자에 대한 생각을 뒤집어 해 주길 바란다. '대다수' 를 차지하고 있다는 이유만으로 그들이 얻을 수 있는 혜택이 얼마나 큰지, 반면 '소수자' 에 속하는 사람들은 상대적으로 얼마나 많은 것들을 박탈당하고 있는지를 말이다. 그것이 단지 육체의 한 부분을 쓸 수 있느냐, 없느냐에 따라 결정된다는 끔찍한 사실을 그들은 이해할 수 있을까. 게다가 그런 끔찍한 불행은 어느 누구에게나 시도 때도 찾아올 수 있는 것이다. 〈눈먼 자들의 도시〉에서 자동차 운전석에 앉아 신호가 바뀌기를 기다리던 사내가 갑자기 눈

이 머는 것처럼. 불가항력의 재난은 인간이 선택할 수 있는 성질의
것이 아니다.

　나와 다르다는 이유로 타인을 비웃고 깔보는 사람들을 보면 가끔
그들이 안타깝게 여겨진다. 그들은 그런 말을 내뱉음으로 인해, 그
들이 남들과 달라지지 않기 위해 더 많은 노력을 하면서 전전긍긍하
게 될 것이 뻔하기 때문이다. 다수자들이 소수자들에 대한 비아냥과
동정의 시선을 거두게 된다면, 이 사회는 얼마나 더 아름다워질까.
얼마나 더 풍요로워질까. 그리하여 모두 다같이 얼마나 행복해질까.

　나처럼 아예 태어날 때부터 사람들의 시선을 집중적으로 받아온
장애인들은 오히려 사람들의 시선이 매일 먹는 밥처럼 편안하게 느
껴질 때가 있다. 사실 나는 사람들의 시선을 즐기면서 살아갈 정도
의 경지에 이르렀다. 그러나 삶의 중간에서 장애를 맞이한 이들에게
가장 부담스럽고 고통스러운 것이 바로 이 타인의 '시선'이다. 그 시
선이 배려이든, 동정이든, 비아냥이든 그들에게 그것은 가장 참기
힘든 고통이란 사실을 사람들이 조금만 인지해 주면 좋겠다. 정상인
으로서 당연히 받길 원하는 관심어린 시선이 소수자로 전락하는 그
순간 그들을 찌르는 무기로 작동하게 된다는 사실을 염두에 두고 말
이다.

시한폭탄 라디오 DJ

지금은 제법 익숙해져서 괜찮지만, 초기에 나의 방송을 도와주었던 피디 언니는 꽤나 마음고생을 했을 것이다. 대본과는 다른 방향으로 이야기를 틀어 삼천포로 빠지질 않나, 자신이 좋아하는 음악 위주로만 선곡을 하겠노라고 고집을 부린다. 그 뿐인가. 미성년자 청취불가의 내용을 가감없이 막 쏟아내는지라 방송의 수위를 조절하기 위해 스튜디오 밖에서 온갖 몸짓으로 사인을 보내느라 정신이 없었을 것이다.

내가 저지르는 만행(?)을 제외하고라도 라디오 프로그램이 거의 생방송인 점을 감안할 때 불시에 돌발되는 당황스런 상황은 도처에 널려 있다. 특히 여러 일을 동시에 감당해야 하는 아나듀오는 그만큼 즉흥 상황에 대처할 수 있는 순발력이 뛰어나야 한다.

예를 들면 이렇다. 다음 날 폭우가 쏟아질 거라는 일기예보의 정보에 따라 대본의 방향을 비와 관련된 방향으로 잡은 적이 있다. 날씨가 한치 앞을 모르게 변할 수 있기 때문에 되도록 특정한 날씨 이야기를 피하는 것이 좋다는 것을 모르던 방송 초짜시절이었다. 노래 선곡도 몽땅 비오는 날 듣기 절절한 곡으로 특별히 골라두었다. 그런데 아뿔싸. 내가 방송을 시작할 시점이 되자 거짓말처럼 하늘이 쨍쨍 맑게 개는 것이 아닌가! 내가 그 순간 당황하여 말을 벅벅거렸다면 분명 대형 사고가 났을 것이다. 나는 순간적으로 에필로그에 읽어주기 위해 마련해둔 좋은 글귀를 읽으면서 오프닝 멘트에 들어갔다. 글과 관련된 간단한 애드리브로 멘트를 마친 다음, 음악이 흐르는 동안 재빨리 방송 대본의 방향을 급하게 수정하기 시작했다.

어디 그뿐인가. 열심히 방송을 녹음하고 집으로 돌아가는 중 연락을 받은 적도 있다. 방송 내용이 하나도 녹음이 안 되었다는 것이다. 지친 몸을 이끌고 다시 스튜디오로 돌아가 처음부터 다시 녹음을 시작했는데, 그 날은 정말이지 딱 죽을 만큼 힘이 들었다. 재녹음을 마친 뒤, 난 방송국 사람들에게 이런 식이라면 도저히 힘들어서 방송을 할 수 없으니 그만두겠다고 엄포를 놓았다. 나의 단호함에 피디 언니를 비롯한 방송국 관계자분들이 쩔쩔매며 다시는 이런 일이 없도록 하겠다고 다짐에 다짐을 하였다. 덕분에 지금은 방송국에서 VIP 대접을 받으며 녹음을 하고 있다. 내가 하는 일에 대해서는 이렇게 당당하게 요구를 할 수 있을 만큼, 나는 내 일에 대해 프로 정신을 가지고 있다.

순발력은 아나듀오가 갖춰야 할 자질 중 가장 중요한 요소이다. 회사에서 사회생활을 할 때에도 위기의 상황에 순발력을 발휘하는 사람이 능력을 인정받을 수 있다는 건 당연하다. 순발력은 저절로 생기는 것이 아니다. 물론 선천적으로 타고난 센스, 처세술도 있어야겠지만, 어느 순간에도 위기를 모면할 수 있는 용기와 배짱, 그리고 유연성이 필요하다. 초를 다투는 방송에 있어서 이보다 더 중요한 요소가 어디 있겠는가.

사람들은 가끔 나에게 당신의 그런 여유와 배짱은 대체 어디서 나오는 거냐고 묻곤 한다. 내세울 것 하나 없는 내가 어느 자리에서도 절대 기죽지 않는 모습을 보면 그런 생각이 드는 것도 무리가 아니다. 그럴 때 나는 대답한다. 이건 순전히 그동안 살면서 쌓인 내공이라고. 실전만큼 우리를 단련시킬 수 있는 것이 있는가. 장애에 대한 온갖 편견과 시선에 대항하여 세상 밖으로 나오려 애썼던 용기와 배짱이면 이 세상에서 이겨낼 수 없는 일이란 단 한 가지도 없다.

일본에서 작가로 활약하고 있는 중증 뇌성마비 장애인 오사나이 미치코 여사는 한 강연에서 이렇게 말했다.

"장애가 심할수록 능력이 많습니다. 우리 장애인들을 강합니다. 그동안 참으로 숱한 고통을 겪어왔기 때문이지요. 우리가 지닌 사회 변화의 힘은 비장애인들보다 훨씬 큽니다."

나를 비롯한 많은 장애인들은 이 말을 들으며 온몸에 전율을 느꼈다. 강연이 끝나자 대부분의 장애인들은 이런 엄청난 선언에 가까운 이야기를 우리나라에서 들어본 적이 없다며 흥분했다. 그러나 그들의 이야기를 들으면서 나는 다시 한 번 다른 느낌의 전율을 느껴야 했다. 왜냐하면 나는 어렸을 때부터 그런 이야기를 귀에 딱지가 앉도록 들어왔기 때문이다. 내 부모님으로부터.

내가 가진 용기와 배짱은 아마 거기에서 비롯되었으리라. '장애인'으로서가 아니라 '인간'으로 살아가라는 부모님의 지지와 격려.

나처럼 장애를 가진 어느 엄마는 아이가 다른 아이들에게 놀림을 받지 않게 하기 위해 자신이 아이의 학교에 가지 않는다고 했다. 하지만 나는 평소에 그런 어머니를 만나면 어머니가 장애를 감춘다면 이 때문에 아이는 더욱 슬픈 마음을 가질 것이라고 말하곤 했다. 우리가 사회로부터 숨지 않는 것이 바로 자식에게 가장 필요한 교육이라는 점을 강조했다. 몇몇의 어머니들은 내 앞에서 울음을 터트리기도 했다. 그리고 그들은 내 말대로 자식들의 학교에 당당하게 나가겠노라고 약속을 했다. 이런 것이다. 이와 같은 지지와 격려가 사람에게 힘을 주고, 그 힘이 사회를 바꾸고 국가를 바꾸고 역사를 바꾸는 것이다.

그러나 천방지축 조윤경이 늘 멋진 순발력만을 발휘하겠는가. 나도 인간인데. 순발력을 발휘하는 것만큼 사고도 많이 친다. 장아성을 운영하면서 아이를 키우는 것만도 벅찬데, 이렇게 버젓이 디제이라는 명함을 하나 더 추가한 것도 내가 저지른 사고 중 하나이다.

주위 사람들은 가끔 나를 걸어다니는 시한폭탄이라 놀려대곤 한다. 언제 어디서 어떤 파괴력을 가지고 터질지 모르는 무서운 시한폭탄. 내가 스릴과 모험을 유난히 즐기기 때문이기도 하지만, 어떤 상황에서 전혀 예기치 못한 열정을 내뿜기 때문이기도 하다.

라디오 방송의 특징 중 하나는 방송하는 사람의 개성이 방송에 그대로 드러난다는 것이다. 자신이 직접 기획하고, 대본을 쓰고, 노래를 선곡하고, 말을 해야 하는 아나듀오라면 이 특징은 최고조에 달한다고 볼 수 있다. 그러니 불의를 참지 못하고 할 말은 해야 하는 내가 시한폭탄이라고 불리는 건 어쩌면 당연하다.

하지만 이것이 편협한 독선으로 치달을 수 있는 위험 요소를 지니고 있다는 점 또한 나는 알고 있다. 방송으로 내비치는 삶이 가식적이지 않은 내 삶 자체가 되어야 하는 동시에, 불특정 다수에게 보이는 모습이므로 늘 바른 생활 태도를 유지해야 한다는 사실을 말이다. 내 삶 자체까지도 순화시켜 방송으로 보여야 하기 때문에 방송이 힘든 것일 수도 있다. 하지만 내 방송을 듣는 청취자들이 나의 본모습을 숨기고 가식적으로 하는 방송을 원한다고 생각하지 않는다. 솔직하면서 당당한 방송, 그러면서도 편견에 치우치지 않고 타인을 배려하는 방송.

그러므로 비록 가슴 한가득 시한폭탄을 품고 있지만, 이 폭탄을 반드시 터트려야 할 곳에 터트릴 것이다. 나의 결정과 노력이 반드시 대다수의 장애인 복지를 향상시킬 수 있는 쪽으로 긍정적으로 발휘되길 기대한다. 이런 노력을 게을리하지 않을 것이다.

끼 많은 여자

"존경의 키스는 손등에
 우정은 드러낸 이마에
 희열은 뺨에
 진실된 사랑은 입술에
 그리움은 감겨진 눈 위에
 욕망은 패인 손바닥에
 탐욕의 키스는 팔과 목에
 그 밖의 키스는 모두 미친 짓!

여러분, 어떠세요. 읽어 드린 글은 프란츠 그릴파르처라는 시인의 글입니다. 손등, 이마, 입술…… 이렇게 키스하는 부위별로 의미를 정의해 놓았네요. '그 밖의 키스는 모두 미친 짓'이라는 마지막 반전이 참 짓궂으면서 매력적인 글입니다. '미친 짓'이란 게 꼭 나쁜 것만은 아니죠. 사랑은 이성만 가지고는 할 수 없는 거니까요.

키스는 정말 황홀하면서도 멋진 스킨십이죠. 키스를 하면 정신적 충만감을 느낄 뿐만 아니라, 육체의 고통을 덜어주는 성분도 나온다고 하네요. 키스가 정말 몸에 좋은 영향을 끼친다고 해요. 충동적으로 하든, 아니면 깊은 감정의 표현으로서 하든, 아무튼 많이 하면 오래 산다고 합니다. 키스 전문가들은 감정을 최대한으로 내는 분위기 키스가 건강에 가장 좋다고 하는데요, 이런 키스를 규칙적으로 하면 보통 사람보다 평균 5년을 장수한다는 겁니다. 저는 어린 시절 '바람과 함께 사라지다' 라는 영화 포스터를 보고 무척 감명 받았습니다. 키스하는 장면이 너무 황홀해서요. 여러분들도 하루빨리 사랑하는 사람을 만나셔서, 서로 건강해지는 키스 많이 나누셨으면 좋겠습니다."

능글맞게 멘트를 날리는 나를 보며 피디 언니는 "윤경씨, 참 끼가 많아. 어쩜 그럴 수 있어?"라고 말한다. 맞다. 나는 어려서부터 끼가 많다는 말을 참 많이 들었다. 핑크 스튜디오를 운영하는 주인장한테 이만큼 적확한 표현이 또 있을까? '핑크' 라는 말이 내포하고 있는 다중적 의미와 마찬가지로 '끼' 가 내포하고 있는 의미 또한 함축적이다.

인간은 태어날 때부터 누구나 한 가지씩은 무엇인가를 잘 할 수 있는 능력을 가지고 태어난다. 그 중에서도 특정분야의 업무를 완벽하고 신속하게 처리할 수 있는 능력을 '끼' 라고 할 수 있다. 대부분 사람들은 선천적인 능력이나 특별한 학습에 의해서 얻어지는 것으로 여기는 경향이 있다. 하지만 '끼' 란 소수의 사람만이 갖는 특별한 능력이 아니라 누구나 가질 수 있는 '열정' 이다. 즉 어떤 일을 완성하고자 하는 '열정' 이 '끼' 인 것이다.

사람들은 대부분 자신이 평범하고 밋밋하다고 생각한다. 그러기에 방송을 통해 뭔가 색다른 것을 바라는 경우가 많다. 끼가 많은 DJ는 청취자의 이런 욕구를 채워줄 수 있다.

우리들의 고민거리는 그 어느 때보다 치열해져가는 경쟁 사회 속에서 다른 사람과는 확연히 구분 지을 수 있는, 특징지을 수 있는, 자신만의 끼를 찾아내어 발산하느냐 하는 것이다. 그러나 이것은 앞서 말한 것처럼 특정 업무에 있어서 신속하게 효율적으로 처리할 수 있는 일인가를 고려해보고 그것을 완성하고자 하는 열정이 어느 정도인가가 관건일 것이다.

결국 기초적인 단계의 욕구보다는 자기계발이나 자아실현의 욕구가 점차 중요해지고 있는 추세라는 이야기다. 끼가 많은 사람들이 잘 살 수 있는 세상이 되어가고 있는 것이다.

몇 년 전 잠깐 TV에 나갔을 때, 한 리포터에게 이렇게 말한 적이 있다.

"전 연예인이 꿈이에요. 아마 조만간 나를 방송국에서 만날 수 있을 거예요."

내가 가진 꿈을 당당하게 드러낼 수 있었던 힘은 바로 내가 가진 열정과 끼에서 나온 것이다. 내가 내 자신에 대해 믿는 만큼, 내 자신의 꿈을 이루기 위한 시간은 점점 짧아질 것이라고 믿는다. 자화자찬과 자기만족은 꿈을 이루는 데 불가결한 요소다. 자신이 지금껏 노력해 온 모든 과정을 자랑스럽게 여기고 자신의 꿈을 위해 당당히 노력할 수 있다면 그보다 더 좋은 것은 없다. 그렇게만 할 수 있다면 반은 성공한 것이다. 남들이 나를 어떻게 생각하건, 나는 내 자신을 칭찬하고 내 자신에게 용기를 북돋워줄 것이다.

목표를 세워 놓고 전진해 가는 것은 무엇보다 중요하다. 나는 나의 꿈을 위해 앞으로도 열심히 앞으로 걸어나갈 것이다.

연애의 기술

청취자들이 보내오는 사연은 참으로 다양하고 가지각색이다. 그 중 가장 많은 비중을 차지하는 것이 바로 '연애의 기술'을 묻는 방법이다. 연애를 하는데 어떻게 특별한 기술이 필요할까 생각하겠지만, 가만 생각해보면 멋지게 연애하는 데 약간의 전략은 필요한 것이 사실이다. 왜 흔히 연애를 할 때에는 밀고 당기기를 잘 해야 한다고 하지 않는가.

장애인들은 이성을 만날 수 있는 기회가 적기 때문에 특히 연애에 대해 깜깜한 경우가 많다. 맘에 드는 이성을 만나도 이야기 한 번 건네지 못한다던지, 반대로 상대에서 다가와도 그 진심을 헤아리지 못해 실수를 하는 경우가 대부분이다. 나에게 장애가 있다 하더라도 사람의 마음과 본능은 똑같다. 장애인이라면 책이나 여러 매체를 통해 더더욱 이성에 대해 잘 알기 위한 노력을 해야 한다.

나도 이와 같은 질문에 대답해 드리기 위해 고정적으로 연애의 기술에 대한 내용을 정리하여 청취자들에게 전하곤 한다.

"당신이 사랑하는 이성이 당신과 단 둘이 데이트 하지 않는다면, 그는 당신에게 반하지 않았다는 것입니다. 여럿이 함께 어울리는 건 데이트가 아니니까요. '친구'라는 단어를 주의하여 들어보세요. 남자들이나 남자를 사랑하는 여자들이 가장 친구답지 못한 행동을 저지르면서 변명할 때나 쓰는 말이 '친구'입니다. 울면서 잠들게 만드는 사람을 친구라고 할 수 있을까요?

남녀가 진지한 사이가 되면, 남자 역시 여자처럼 감정적으로 보호받기를 바랍니다. 그래서 선언을 하는 거죠. "난 네 남자야."라고 말하거나 "당신의 애인이 되고 싶어."라고 말입니다. 당신에게 진짜 반한 남자라면, 당신을 독차지하고 싶어 안달할 것입니다."

그렉 버렌트가 쓴 《그는 당신에게 반하지 않았다》라는 책에서 그가 없는 사이에 당신이 다른 남자를 만나려고 하는지 알아내기 위해 애쓰지 않는 남자라면, '당신에게 반하지 않은' 제트기에 탑승했다고 생각하면 된다고 했습니다. 남자들은 여자가 듣기 싫어하거나 믿지 않으려 해도 자신의 감정을 말하죠. "심각한 관계는 싫어."란 말은 "당신과는 심각한 사이가 되고 싶지 않아." 이거나 "난 당신에게 반하지 않았어." 란 뜻으로 생각하세요. 둘 사이가 애매하게 느껴진다고요? 그럼 지금 당장 물어보세요. 자신이 당신의 애인이라며 세상에 떠들고 다니고 싶어 하는 남자, 또는 여자가 바로 당신의 연인입니다."

"데이트는 하지만 당신을 만지고 싶어하지 않는다고요? 당신과 섹스하고 싶어하지 않는다면, 그는 당신에게 반하지 않았다는 뜻입니다. 이성은 좋아하는 상대를 언제나 만지고 싶어하죠. 특히 남자라면 더욱 그렇습니다. 남자는 여자한테 반하면 그 여자의 몸에서 손을 떼기 힘들어 합니다. 정말 아주 간단한 얘기입니다. 동성애자가 아닌 이상, 남자가 여자랑 나란히 누워 과자를 먹으면서 옛날 영화나 보는 것으로 만족한다면, 그는 그녀에게 반한 게 아니죠. 영혼의 동반자도 좋지만, 섹스도 하는 영혼의 동반자는 더더욱 좋습니다. 친구는 친구일 뿐이니까요. 얼른 나가서 당신을 만지고 싶어 몸살이 날 지경인 남자를 찾아보시기를."

"다른 이성에게 한눈을 팔았다면, 그는 당신에게 반하지 않았습니다. 연인에게 거짓말해도 될 만한 구실 따위는 세상에 없으니까요. "어쩌다가 그렇게 되어버린 거야." 라고 말하더라도, 제발 기억하기를. 당신을 속이는 것은 '어쩌다 그렇게 되지는' 않는다는 사실을 말입니다. '어머나 미끄러지는 바람에 다른 여자(남자)랑 섹스해 버렸네.' 같은 사고는 절대 일어나지 않습니다. 그건 전부터 계획한 거고, 당신과의 관계가 끝날 수도 있다는 걸 뻔히 알면서 벌인 일입니다. 꼭 알아두세요! 당신 모르게, 당신의 허락 없이 다른 이성과 섹스하는 것은 당신을 조금도 좋아하지 않는다는 증거입니다."

"두 사람 사이에 어떤 문제가 있었다고요? 그렇다면 대화를 해서 풀어야지요. 다른 이성과 섹스를 하는 것으로 풀면 안 됩니다. 물론, 다른 이성에게 감정을 갖는 것을 비판할 수는 없습니다. 누군가를 사랑하게 되면 헤어지고 나서도 좋은 감정은 남아 있을 수 있으니까요. 하지만 감정이 조금 있다고 해서 꼭 섹스를 해야 하는 것은 아닙니다. 설령 감정이 남아 있더라도, 그런 감정은 사랑하는 사람에게 쏟아야 합니다. 사랑하는 여자의 옷을 벗기고, 입을 맞추고, 함께 사랑을 나누어야 합니다. 감정이 있는 건 어쩔 수가 없다치지만, 아무데서나 옷을 훌훌 벗는 건 곤란하지 않겠어요?"

연애 기술 특강 코너는 언제는 대박이다. 거침없는 나의 표현 때문에 어떤 분들은 눈살을 찌뿌리실지 모르겠다. 하지만 이런 이야기일수록 빙빙 돌리는 건 오히려 사람을 헷갈리게 만들 수 있다. 연인 간의 애매한 줄다리기가 사람의 애간장을 녹이는 것처럼.

남자가 혹은 여자가 사랑을 할 때에는 지성이 아닌 감성으로 사랑을 하게 된다. 만약 이성과 지성으로 사랑을 할 수 있다면 서로의 지적 수준을 견주는 학술 대회나 100분 토론과 비교해도 손색없는 주제로 대화를 해도 좋을 것이다. 상대방에 대한 사랑 지수가 얼마나 되는지 차근차근 따져볼 수 있겠지. 하지만 아시다시피 사랑과 섹스는 지성만으로 할 수 있는 성질이 아니다.

사랑과 연애의 감정은 유치하다. 만약 사랑이란 감정이 너무 유치하고 본능적이어서 구역질이 난다면, 평생 사랑을 하지 않고 살다가 죽어도 외롭거나 비극적이지 않을 것이다. 누군가를 사랑한다는 것은 본능적이고 감성적인 것임에는 틀림이 없다.

장애인의 날

　4월 20일은 장애인의 날이다. 오랜만에 어느 구에 열리는 장애인 행사 및 체육대회를 다녀왔다. 우리에겐 특별한 날인만큼, 내 방송을 듣는 청취자들에게 소식을 전달해 주고 싶은 마음에서였다. 식전 행사와 각 표창장 증정 및 격려사 낭독이 1부에 이루어졌다. 2부는 장애인 체육대회였다. 행사 장소에는 상당히 많은 장애인 단체장들 및 회원들, 노인회, 부녀회 사람들이 모여 있었다. 아침 일찍부터 모인 사람들은 분주해 보였다. 10시부터 11시까지 식전 공연, 그 다음 갖가지 감사패 수여와 격려사가 빡빡하게 진행되기 시작했다.

　행사 모습은…… 한 마디로 가관이었다.

　장애 단체의 단체장, 구청장, 구의원, 국회의원들이 격려사를 릴레이식으로 진행하는 동안, 대부분의 사람들이 자리를 이탈하고 있었다. 자신들이 속해 있는 단체에서 준비한 음식들을 먹느라 혈안이 되어 있는 것이었다. 정말 같은 장애인으로서 얼굴을 찌푸릴 수밖에 없었다.

　장애인의 행사에서 주인공은 바로 장애인들이다. 단상에서 격려사를 낭독하는 사람도, 행사를 주관하고 감사의 박수를 받는 사람도 아니다. 그럼에도 불구하고 행사는 그들만의 격려와 그들만의 패러다임으로 진행되고 있었고, 자신들의 호의와 배려에 스스로 만족하는 분위기였다. 정작 그 행사의 주인공이 되어야 할 사람들은 허겁지겁 먹을 것을 탐하고 있었다. 너무나 아이러니하게 느껴지는 광경이었다.

상한 기분을 억지로 참으며 1부 행사를 끝내고, 2부의 장애인 체육대회를 기다렸다. 오늘 만큼이라도 땀을 흘리며 열심히 경기하는 친구들의 모습이 보고 싶었으니까. 친구들의 웃음소리와 함성을 들으면 상할 대로 상한 내 기분이 금방이라도 업그레이드 될 것만 같았다.

하지만 결과는 다시 좌절.

체육대회는 휠체어 달리기, 휠체어 릴레이 등의 종목으로 이루어져 있었다. 휠체어 릴레이란 비장애인이 먼저 휠체어를 타고 출발하고, 반환점에서 장애인이 휠체어를 타고 결승점에 들어오는 경기였다. 장애인과 비장애인이 2인 1조가 되어 이루어지는 화합의 경기인 셈이다.

그런데 이게 웬일인가. 정작 본 게임에 들어가니 먼저 출발해야 할 비장애인들이 대부분 어디론가 가고 보이지 않았다. 결승점에 자리를 잡고 있는 장애인들의 어깨에서 힘이 빠지기 시작했다. 경기는 대충대충 엉성하게 시작되었고, 어떤 긴박감이나 활기를 찾아볼 수 없는 형식적인 게임으로 전락하고 말았다.

나중에 알고 보니 장애인과 한 조를 이룬 비장애인들은 바로 각 동의 동장님들이었다. 그런데 모두 약속이나 한듯, 1부의 형식적인 행사에 참가하여 눈도장만 찍은 뒤 사정이 있다며 말도 없이 하나 둘 빠져나간 것이다. 사전에 분명히 참가의사를 물어보았고, 참가 확정도 받았다고 한다. 그런데 당일 날, 어디 결혼식에 간다는 등의 말도 안 되는 이유를 대고 사라져버린 것이다.

분통이 터졌다. 일 년에 한 번 있는 장애인의 날 행사. 우리가 원한 기념행사나 축제가 아니다. 우리가 이런 일회성 이벤트를 원하겠는가. 하지만 이런 일회성 행사조차 무성의하고 형식적으로 치뤄지는 모습을 눈으로 직접 확인하고 있으려니, 화가 나는 수준을 넘어 끝없는 좌절을 느껴야 했다.

장애 단체의 정치화, 이동권의 보장, 장애인 차별 금지법 등을 제도화시키는 것도 물론 중요하다. 하지만 더 궁극적인 것은 비장애인과 장애인의 차별 없는 사회를 원하는 것이다. "차별 없는 사회를 위해서라면 제도화가 필요하다."라고 혹자들은 말하겠지만, 제도화로도 안 되는 것이 바로 장애인을 바라보는 편견과 선입관이다.

'장애인의 날' 행사 풍경을 생생하게 전달하려는 마음으로 특별한 대본을 구상했던 나는 은근슬쩍 그 날 대본을 평범한 것으로 꾸며버리고 말았다.

1cm의 장벽

DJ : 정말 날이 많이 풀렸어요. 뭇 여인들의 가슴을 설레게 하는 봄이 왔습니다.

게스트 : 솔로들은 좀 피하고 싶은 날씨이기도 하죠, 저도 경험자로써 그 맘을 잘 이해하는데요! 솔로 분들도 언젠간 저처럼 봄날은 올 겁니다.

DJ : 아, 언젠가 봄날은 올 거다…… 뭐 굳이 말하자면 개구리 올챙이 적 생각 못하는 격이라고나 할까요? 아무튼 아주 자신만만한 멘트로군요.

게스트 : 네. 솔직히 제가 지금 올챙이 적 생각할 틈이 어디 있겠습니까?

DJ : 그렇군요. 석준 씨. 그럼 오늘 소개할 곳 말씀해 주시죠.

게스트 : 네. 요즘 날도 좋고 해서 여자 친군지 사모님인지 가끔 헷갈리는 제 여자 친구를 휠체어 옆에 태우고 서울 상암 월드컵경기장을 다녀왔습니다. 지하철 6호선 월드컵경기장역에 가셔서 엘리베이터 타시고 2번 출구로 나오시면 바로 나옵니다. 경기장 입구는 1층과 3층인데요. 제 여자 친구는 제가 상암 경기장 가자고 하니까 무슨 경기 보러 가자는 줄 알았다는군요. 여러분도 아시다시피 그 곳은 꼭 경기만 보러 가야

하는 건 아니고, 그냥 놀러 갈 수 있는 데죠. 경기장 주변에는 정말 없는 거 빼고는 다 있습니다.

DJ : 네. 쇼핑몰과 영화관이 들어와서 상권을 형성하고 있는 걸로 알고 있어요.

게스트 : 그렇습니다. 먼저 1층은 CGV 영화관이 있고요. 반 둥근 경사로로 쭉 올라가시면 롯데리아, 피자헛, 커피숍 등의 음식점이 있습니다. 데이트하기엔 딱 좋으실 겁니다. 그렇지만 가장 중요한 데이트 코스는 바로 건물 밖에 있습니다.

DJ : 아- 바깥에 있는 월드컵공원 얘기하시는 거죠?

게스트 : 음. 너무 잘 아시네요.

DJ : 원래 디제이는 모르는 게 없습니다.

게스트 : 남쪽 출입구로 나가시면 탁 트인 월드컵공원을 만나실 수 있는데요, 중앙에 커다란 연못이 있습니다. 그 연못을 중심으로 시민들이 휴식할 공간이 마련되어 있습니다. 거의 모든 길에 경사로가 있어 사람들이 인라인 스케이트나 스케이트보드를 연습하러 많이 오기도 하구요. 그날 전동휠체어들도 많이 봤습니다. 화장실도 장애인 배려를 많이 한 편이어서 이용하기에 무리가 없었습니다. 장애인 화장실도 남녀 따로 있어서 더 좋았고요. 아무튼 따뜻한 날씨에 도시락 싸들고 나가서 오랜만에 편안히 쉬고 왔습니다.

DJ : 네, 저번에 여자 친구가 왔을 때 스튜디오에 싸들고 왔던 도시락 가방이 바로 그거였군요.

게스트 : 네 맞습니다. 그리고 제 여자 친구가 이 공원을 굉장히 마음

에 들어 했죠. 그러면서 저에게 '이건 서울이라서 가능한 시설이다.' 라고 하더군요. 제 여자 친구가 좀 멀리 사는 편인데, 제가 그 친구 사는 지역에 갔다가 불편을 많이 겪었거든요. 지하철 엘리베이터 시설이 부족한 것도 그렇고, 보도블럭 턱이 높은 것도 그렇고. 그 뒤부터 웬만한 일이 아니면 그쪽에 잘 안 가게 됩니다. 이런 편리한 시설이 수도권에만 있을 게 아니라, 다른 지역들에도 생기기를 바랍니다.

DJ : 지역 시설의 평준화, 이건 국가적인 차원의 문제이기도 한데요. 어느 지역이라고 해서 특히 장애인이 이동하는 것이 고통이 되는 일은 없어야 하겠지요. 끊임없이 그 필요성을 환기시키는 것이 무엇보다 중요할 것 같습니다.

게스트 : 끝으로 이 상암 경기장에서 아쉬웠던 점을 말씀드리고 싶네요. 월드컵공원 연못 옆에 하늘공원이라고 있습니다. 거기는 좀 높은 곳이라 올라가면 공기도 맑고 경치도 좋은 곳입니다. 제 여자 친구가 그 곳에 정말 가고 싶어 했는데, 거기는 계단밖에 없어서 올라가지 못했습니다. 경사로를 길게라도 만들어놨으면 장애인들도 자연을 느끼고 싶을 때 올라가서 맘껏 자연을 만날 수 있을 텐데 라는 생각을 했습니다. 그 계단을 제가 만든 것도 아닌데 제 여자 친구한테 괜히 미안한 맘이 드는 건 왜일까요.

DJ : 모든 남자들의 마음 아닐까요? 사랑하는 사람한테 뭐든 다 해 주고 싶은데 그러지 못할 때 누구나 그런 생각을 할 거예요. 그건 표현하기 나름인 거 같아요. 석준씨는 석준씨 나름

의 매력이 있으니까 그걸 잘 살려서 여자 친구분한테 다가간
다면 분명 좋아하실 거라 믿습니다.

이처럼 방송에서 자주 다루게 되는 주제 중 하나가 바로 장애인들
의 이동권 문제이다. 휠체어를 타고 자유롭게 갈 수 있는 장소를 물
색해서 알려주는 것도 이 방송이 가지고 있는 중요한 기능 중 하나
이다.

나는 베스트 드라이버이다. 그리고 나를 베스트 드라이버로 승격
시켜준 나의 평생 동지는 바로 전동휠체어이다. 나는 전동휠체어에
만 앉으면 전국 어디라도 내 마음대로 찾아갈 수 있다. 전동휠체어
는 나의 발이자 내 자가용이다. 가고자 하는 의지와 마음, 낯선 이들
을 만날 때 환하게 지어보일 수 있는 미소, 방향을 조절할 수 있는 손
가락 하나면 나는 어느 누구도 부럽지 않은 자유인이 된다.

전동휠체어가 생긴 덕분에 장애인들에게도 비로소 '이동권'이라는
새로운 권리가 주어졌다. 전동휠체어는 장애인뿐만 아니라 나이가
많으신 분들에게도 참 유용한 교통수단이다. 지난 2005년부터 정부
가 관련 제도를 개선하여 장애인들이 휠체어를 구입할 경우 80%까
지 지원하면서 사용자가 급격히 늘어났다.

하지만 모든 정책은 연계적으로 이루어져야 하는 법. 전동휠체어
구입 보조금을 지원해 주는 것까지는 좋았는데, 아직까지 전동휠체
어가 안전하게 다닐 수 있는 도로 여건 개선은 아주 더디게 이루어
지고 있다. 전동휠체어는 단 1센티미터의 턱만 있어도 갈 수가 없는
구조로 되어 있다. 그러나 1센티미터는커녕 10센티미터가 넘는 높은

틱 때문에 사실상 인도로 진입하는 것이 불가능하다. 그 때문에 차들이 속력을 내어 달리는 위험한 도로로 다닐 수밖에 없는 실정이다. 쌩쌩 달리는 차와 도로 주변에 주차된 차들 사이로 위험한 곡예비행을 하며 나는 내 스스로가 '베스트 드라이버'라고 웃으며 말하지만, 나를 보내는 남편의 얼굴에는 늘 근심이 가득하다.

장애인들의 이동권은 당연히 보장받아야 할 권리이다. 지금처럼 전동스쿠터나 휠체어 등이 이동수단으로 편리성을 제공하면서 이용하는 분들이 많아지고, 이를 지원하는 정책은 올바르다고 본다. 하지만 지금과 같은 도로 여건이라면 장애인 이동권을 위한 전동휠체어 구입비 보조금 지원 정책은 제 빛을 발하지 못할 것이다. 보다 폭넓고 안전한 이동권을 위해 정부나 각 지자체가 실제 이동경로에 대한 점검과 함께 각종 통행 방해요소들에 대한 개선을 시행해 주시길 진심으로 바란다. 전국적으로 엄청난 예산이 들어간 '자전거 도로'의 경우도 결국 예산만 허비한 결과를 낳지 않았는가. 이것도 정책의 진정성과 그에 따른 연계성이 없었기 때문이라고 본다. 더 이상 연계성이 없는 일회성 정책은 없었으면 하는 바람이다.

더 나아가 전동휠체어 같은 특수 이동 수단뿐만 아니라 버스나 지하철 등의 편의시설에도 장애인을 위한 시설이 추가, 확충되어 장애인들이 자연스럽게 살아갈 수 있어야 할 것이다. 모두가 이용하는 대중교통을 비장애인, 장애인 구별 없이 편리하게 사용할 수 있어야 진정한 통합사회가 이루어지는 것이다.

일회성 정책이 나오는 이유가 어찌보면 지금 '장애인 정책'의 한 단면을 보여주는 것 같아 생각할수록 씁쓸하다. 전동 휠체어를 주었으니, 이제 알아서 나와서 활동하라는 그들의 소리를 듣는 것만 같아서. 먹고 사는 걱정이 없도록 도와주었으니, 더 이상 요구하지 말고 조용히 있으라는 말로도 들린다. 그들에게 장애인의 성도 권리라고 외치는 내 주장이 얼마나 우습고 하찮게 여겨질까. 하지만 나는 오늘도, 내일도 외칠 것이다. 우리도 당신들도 똑같은 사회 구성원이니 권리와 의무를 함께 가져야 한다. 우리를 도와준다는 명목 하에 우리를 유리 온실에 가둬놓지 않길 진심으로 바란다.

한편, 손과 발을 자유자재로 움직이는 행복, 그리고 그것이 얼마나 큰 힘인지 부디 많은 분들이 느끼시길 바란다. 어떤 사람은 선천적으로 가질 수 없는 것을 가지고 있는 것에 대해 감사한 마음이 있다면, 그것을 갖지 못한 이들에게 더 여유로운 마음을 가져야 하지 않을까. 어느 나라에서는 전동휠체어가 도로로 이동을 하는 중이라면 운전을 하는 이들이 속력을 줄이고 천천히 그 뒤를 따르거나 조심스럽게 추월을 한다고 들었다. 그런 따뜻한 배려를 가진 사람들이 모여 사는 사회. 그것이 우리가 함께 행복해지는 길이다.

이 모든 어려운 상황 속에서도 나는 매일 아침 전동휠체어에 몸을 싣는다. 그리고 세상 밖으로 나아간다. 나의 든든한 발이 되어 주는 전동휠체어가 오래오래 탈이 나지 않고 내 곁에 있어줬으면 한다.

유럽 횡단을 지지하며

"지금 선천성 뇌성마비 장애인 최창현씨가 전동휠체어를 타고 유럽을 횡단하고 있습니다. 손발을 자유자재로 움직일 수 없는 뇌성마비 때문에 입으로 전동휠체를 조정하면서 말입니다. 시간당 시속 10Km 속력으로 달리는 전동휠체어로 2006년 5월 10일부터 지금까지 눈이 오나 비가 오나 매일 70-90km를 달렸다고 합니다. 우리 모두 그를 위해 힘찬 박수를 보내줍시다!"

마이크를 통해 울리는 나의 목소리가 그 어느 때보다 힘차고 우렁차게 느껴졌다. 최창현. 31살 이후 중고등 검정고시 패스, 그 후 '밝은 내일' 이라는 장애인 협회를 조직하고 미국, 일본까지 전동휠체어로 종단하였다. 그리고 그는 지금 전동휠체어에 몸을 싣고 유럽을 횡단하는 중이다. 8월 15일 광복절을 맞이하여 독일 분단의 상징이었던 베를린을 통과하고 있다는 소식이 들려 왔다.

그는 31살이 되던 해까지 방에만 있었다고 한다. 오랜 시간을 방에만 있었는데도 세상을 향한 그의 마음은 꺾을 수 없었나보다. 아니, 어떻게 그 마음을 꺾을 수 있겠는가. 세상은 비록 그를 향한 문을 굳게 닫아버렸을지라도, 그 세상 안에서 살고 있는 우리들은 정작 그 문을 닫지 못한다. 세상이 굳게 닫아버린 그 방문을 31년이란 세월동안 원망과 미움으로 보았을 만도 한데, 그는 어느 때보다 해

맑게 활짝 웃고 있다. 활짝 웃는 그의 얼굴은, 세상이 장애인을 향해 닫아 버린 그 문이 얼마나 어리석은 짓인지 통쾌하게 보여주고 있었다.

한 기자가 그에게 그동안 어려웠던 점을 이야기 해 달라고 요구했다. 그는 여전히 활짝 웃는 얼굴로 아무 일도 아니라는듯 대답했다. 프랑스에서 피레네 산맥을 넘어가는 도중 1,000m가 넘는 낭떠러지에 쌓인 눈에 미끄러져 휠체어와 함께 굴렀던 경험담을 말이다. 다행히 벼랑 끝에 서 있던 나무에 걸려 목숨은 건졌다면서, 만약 그 나무가 없었다면 먼지처럼 부서졌을 거라고 농담을 건네기까지 하였다.

그의 이야기 중 인상 깊었던 것은 독일을 지나던 중 한 독일 사람이 그에게 다가와 '당신을 우리집에 푹 하루 쉬었다 가도록 하고 싶다.' 며 다짜고짜 집으로 초대를 했던 일이다. 외국 장애인을 아무런 편견 없이, 자신의 집에 묵게 했던 친절은 그 뿐만 아니라 그 이야기를 듣는 나에게까지 익숙하지 않은 일이었다. 장애인에 대한 편견을 일상적으로 겪어왔던 그로서는 놀랄 수밖에 없는 일이었다.

그런데 이런 일이 독일뿐만 아니라, 유럽 횡단 중에도 종종 있었다고 한다. 아무리 국도지만 10km로 달리면 뒤에 달리는 차들이 짜증을 낼 만한데, 트럭운전수든 자가용이든 최씨의 전동휠체어를 보면 최씨가 심적인 압박감을 받지 않게 뒤에서 천천히 운전을 하더라고 했다. 운전을 하면서 엄지손가락을 치켜들거나 손뼉을 치면서 응원을 보내기도 했단다.

최씨는 현지 한인회의 도움을 받으면 호텔 등에서 묵을 수 있었지만, 그런 도움이 없는 경우에는 캠핑장에서 텐트를 치고 두 명의 자원봉사자와 함께 야영을 한다. 후원도 거의 개인적으로 이루어지는 것이라서, 재정적인 어려움도 물론 많았다고 한다.

하지만 그는 자신을 바라보는 수많은 시선을 향해 꼭 이야기하고 싶은 것이 있다고 했다. 손과 발을 자유자재로 움직이는 것의 행복, 그리고 그것이 큰 힘인 것을 아는 것. 그 중요성을 일반인들은 쉽게 잊고 산다는 사실을 각성시켜 주고 싶었다는 것이다. 휠체어로 이동 중 날파리나 거미가 얼굴에 붙어 고통스러울 만큼 간지러워도 자신의 얼굴을 향해 손가락 하나 뻗을 수 없어 일부러 길거리 나뭇가지 쪽으로 얼굴을 갔다 대고 긁어야 했던 장면을 기억해 달라고 당부했다. 하필이면 그 나무가 가시나무여서 작은 곤충 하나를 날려 보내려다 온통 얼굴이 가시에 찔리고 피범벅이 되었다고 했다. 그의 말 속에는 결국 우리가 갖고 있는 것, 우리가 할 수 있는 것, 그것만 제대로 알고 활용해도 어려움을 극복할 수 있다는 메시지가 담겨 있었다.

사지 멀쩡한 보통 사람도 하기 힘든 장장 26,000km의 대륙을 입으로 조정하는 전동휠체어를 타고 횡단하게 이끈 힘은 과연 무엇이었을까?

독일 신문과의 인터뷰 중, 그리고 자신의 홈페이지에서 최창현씨는 이에 대해 세 가지 이유를 대었다.

첫째는 독일처럼 한국도 평화롭게 남북통일이 되는 것.

둘째는 장애인이나 어렵게 사는 모든 이들에게 희망과 꿈을 주는 것. 그리고 장애인들이 처한 상황을 더 낫게 하는 것.

셋째는 기네스북에 도전하는 것.

인터뷰하는 동안 간간히 비치는 결의에 찬 모습, 그리고 고통을 겪어 본 사람만이 보일 수 있는 어떤 결연함이 그의 얼굴에 언뜻언뜻 보였다.

그 모습을 보며 난 생각했다. 그의 놀라운 모습, 보통 사람도 하기 힘든 대륙횡단, 그 초인적인 모습에 그냥 놀라움과 감탄의 박수갈채만 보내기에는 뭔가 아쉬운 생각이 드는 것이었다. 어떤 무엇이 나를 자꾸 붙잡고 있었다. 그를 향한 박수갈채는 너무 쉽게 잊혀지고, 너무도 무책임한 거라는 생각도 들었다. 그 극단의 모습, 그 어려운 길, 그 배경에는 분명 방에만 있었던 31년의 어둠이 있었고, 표현 못하는 답답함이 있었다. 한 번의 외출에도 버스 짐칸에 실려 가야 했던 비참함이 그를 이렇게 이끈 것이 아닐까 여겨졌다. 우리 눈에 보이는 모습 뒤에 숨겨진 그의 눈물과 고통이 나의 마음을 어지럽혔다.

난 최창현 씨가 초인적인 저력을 발휘해아 하는 횡단여행이 아니라, 편안하게 유럽여행을 하는 것을 보고 싶다. 아니, 모든 장애인들이 편안하게 휠체어로 저상버스를 혼자 힘으로 탈 수 있는 이동권이 보장되고, 하룻밤 숙식 제공의 친절까지는 아니어도 아무런 편견 없이 장애인들을 대하는 일상의 친절과 제도가 보장되어 있는 사회를 보고 싶다. 그래서 한 개인의 초인적인 힘이 꼭 필요하지 않는 그런 사회에서 그가 살았으면 좋겠다는 생각을 했다.

장애인이지만 자신이 할 수 있는 범위에서 당당히 노동을 하고, 악기연주나 노래, 수영, 춤 등의 취미생활을 하는 독일 장애인들의 편안한 얼굴과 아름다운 한국사람 최창현씨의 해맑지만 결연한 얼굴이 자꾸 겹쳐지며 뭔가 답답함이 묵직히 가슴을 누르고 있었다.

　가끔 선진국의 장애인 복지가 너무 부러워 이민을 가고 싶다는 생각을 할 때가 있다. 하지만 내가 가면 우리나라의 장애인 복지 문제는 누가 짊어지고 갈 것인가! 진심으로 난 내 자신이 먼저 그 책임을 짊어져야 한다고 생각하고 있고, 또 그래서 우리나라에서 계속 운동을 하기로 결심했다. 잘 이루어진 나라에서 편하게 누리며 사는 것도 좋지만, 척박한 땅을 일구어 새로운 문화를 창조하는 것도 무척 보람 있는 일이니까 말이다.

　아름다운 사람 최창현 씨! 그러니 우리 함께 힘내요!!

제2부

♥

탄생, 그리고 성장

꿀물로 살아난 아이

나의 탄생 이야기는 언제 들어도 신이 난다. 왜냐하면 난 좀 특별하게 죽음의 고비를 넘겼기 때문이다. 물론, 시작은 나 역시도 여느 아이들과 조금도 다를 것이 없었다.

1974년 1월 31일, 한 부부가 헐레벌떡 병원으로 들어섰다. 여자의 배가 잔뜩 불러 있는 품이 곧 출산을 할 것만 같은 상황이었다. 남편으로 보이는 사내가 병원이 떠나갈 듯한 목소리로 의사 선생님을 불렀다.

"여기요, 선생님! 제 아내가 아이를 낳으려고 합니다!"

"병원에서 소리를 지르시면 어쩝니까? 조용히 하세요!"

땀을 뻘뻘 흘리며 어쩔 줄 몰라하는 남편을 질책하며 의사가 간호사에게 지시를 내렸다. 아마도 부부를 응급실로 데려가라는 뜻인 것 같았다. 간호사를 따라 응급실로 들어간 아내는 침대 위에 누워 가쁜 숨을 몰아쉬었다.

"아, 여보. 괜찮을까요?"

"괜찮을 거요. 아이가 태어나기 전에 양수가 터지는 일은 흔한 일이지 않소. 그냥 편안하게 맘먹고 누워 있어요."

남편은 주위를 두리번거리며 의사 선생님을 찾았지만, 의사 선생님은 아직 그 자리에 나타나지 않고 있었다. 아내를 안심시키긴 했지만, 아직 출산 예정일이 한 달이나 남아 있는 시점이었다. 양수가 이렇게 빨리 터져버렸으니, 어쩌면 수술을 해야 할지도 모르는 상황이다.

'내참, 선생님은 왜 이렇게 안 오시는 거야?'

남편이 발을 동동 구르고 있는 동안, 간호사 역시 아내의 맥박과 혈압을 재고 아내의 이마에 솟은 땀을 닦으며 초조해하고 있었다. 다행히 아내의 거친 호흡이 조금씩 안정을 되찾아갔다.

얼마나 지났을까. 느린 걸음으로 의사가 다가왔다. 머리가 반백인 데다가 반쯤 벗겨지고 금테 안경을 쓴 모습이 쉰은 족히 넘어 보였다. 걸음걸이나 말투가 어찌나 느린지, 의사의 입에서 말이 나오기까지 마치 하루의 시간이 모두 흘러간 것만 같았다.

"뭡니까?"

"네, 선생님. 출산 예정일을 한 달 앞둔 산모인데요."

간호사가 대답했다. 남편이 다급한 나머지 말을 받아 이었다.

"양수가 터졌습니다. 엄청나게 쏟아졌어요. 수술을 해야 할까요?"

"남편 분은 좀 조용히 계세요."

의사가 냉정한 목소리로 쏘아붙였다. 간호사가 머쓱한 표정으로 말을 계속했다.

"혈압과 맥박은 다행히 정상으로 돌아왔습니다."

의사는 무표정한 얼굴로 산모의 아랫배를 꾹꾹 눌렀다. 아내가 고통으로 얼굴을 찡그렸지만 의사의 표정에는 변화가 없었다.

"별 이상 없으니 진통이 오면 다시 오세요."

"네? 양수가 터졌는데 집으로 돌아가라고요?"

"큰 문제 없습니다. 아직 출산의 기미가 보이질 않아요."

의사는 별다른 말이 없이 횡하니 뒤돌아 응급실을 빠져나갔다. 남편과 아내는 잠시 어리둥절한 모습으로 서로를 쳐다보았다.

"지금 배가 아프거나 진통이 느껴지시는 건 아니죠?"

간호사가 친절하게 물었다. 아내는 고개를 끄덕였다.

"이대로 돌아가도 괜찮을까요? 아니면 며칠 입원이라도……"

"의사…… 선생님께서 괜찮다고 하셨으니, 괜찮으실 거예요."

간호사가 환한 웃음에 남편은 안도의 한숨을 내쉬었다. 아무런 문제가 없다고 하니, 이제 며칠만 기다리면 그렇게 기다리던 둘째 아이가 태어날 것이다. 부부는 간호사에게 몇 가지 주의사항을 듣고 병원을 빠져나왔다. 남편의 등줄기가 땀으로 흥건하게 젖어 있었다.

하지만 어찌 알 수 있었겠는가. 그 날의 그 순간적인 판단이 훗날 자신들에게 진한 먹구름을 드리우는 시초가 될 줄을.

그로부터 3일 후, 그러니까 봄을 한 달 정도 앞둔 2월의 어느 날이었다. 드디어 본격적인 진통이 찾아왔다. 부부는 기대 반, 기쁨 반으로 병원을 다시 찾았다. 예정일보다는 한참 앞선 날짜였지만, 병원에서 큰 문제가 없다고 통보 받았던 터라 크게 걱정하지 않았다.

병원에 도착하고 반나절 이상의 시간이 지난 후, 고통스러운 진통 끝에 드디어 한 여자아이가 탄생하였다. 그러나 놀랍게도 갓 탄생한 아이의 몸무게는 1.8kg 정도밖에 되지 않았다. 지금 같았으면 그 정도의 몸무게야 아무런 문제가 되지 않았을 것이다. 한 달 정도 인큐베이터 안에서 생활하면 여느 건강한 아이들과 다를 바 없이 성장했을 테니까. 하지만 30년 전만 해도 산부인과 병원은 우리가 알고있는 것처럼 그리 좋은 환경을 갖추고 있지 않았다. 특히, 일찍 세상에 태어나거나 미숙한 아이들을 위한 인큐베이터 시설을 갖추고 있는 동네 병원은 아주 드물었다.

추측컨대, 평균에 한참을 밑도는 몸무게로 태어난 아이를 보며 의사 선생님은 별다른 고민 없이 죽음에 대한 통보를 할 수 있었으리라.

"아기가 살아날 가능성이 희박합니다. 마음의 준비를 하세요."

"네? 아기가 죽는다는 말씀이세요?"

"네, 그렇습니다."

의사 선생님의 대답은 짧고 단호했다.

"이유가 뭔가요? 별 문제 없을 거라고 하셨잖아요."

"그 때는 아무런 문제가 없었습니다!"

의사가 신경질적으로 금테 안경을 치켜 올리며 대답했다. 그리고 자신의 대답에 대해 증명이라도 하듯, 산모의 침대 옆에 쓰레기통을 쿵 내려놓았다. 죽게 될 아이를 버리라는 뜻이었다.

"간호사, 좀 도와드리지."

충격으로 말을 잇지 못하는 산모를 남겨두고 의사는 수술용 장갑을 벗어 쓰레기통에 던져 넣고 수술실을 나갔다. 간호사는 간신히 숨을 내쉬는 자그마한 아기를 엄마 품에 안겨 주었다.

엄마의 눈에 눈물이 그렁그렁 맺혔다. 그렇게 원하던 딸이 태어났는데, 단 하루도 살지 못하고 죽게 된다니!

눈부시게 빛나는 침대의 하얀 시트는 엄마의 몸에서 흘러나온 핏자국으로 점점 빨갛게 물들어 가고 있었다. 의사의 말을 거역할 힘도, 거부할 명분도 없는 엄마는 절망적으로 고개를 떨구었다. 바로 그때였다.

"저, 어머님. 아이에게 꿀물을 좀 먹여봐도 될까요?"

엄마는 고개를 번쩍 들었다. 응급실에서 환한 미소를 지었던 그 간호사였다. 언제 수술실에 들어온 걸까. 조심스럽게 아기를 다독이며 엄마를 향해 웃어 보이는 간호사의 모습은 한없이 평화롭고 온화해 보였다. 엄마는 진실되게 흔들리는 간호사의 눈빛을 보면서 지푸라기를 잡는 심정으로 고개를 끄덕였다.

"자, 아가. 착하지. 꿀물을 한번 먹어볼까? 먹고 기운을 차려야지."

간호사가 작은 컵에 든 따뜻한 꿀물을 아주 조금씩 아기의 입 속으로 흘려 넣기 시작했다. 이미 지칠 대로 지친 엄마는 간호사가 하는 모습을 그대로 지켜보고만 있었다. 그 모습은 마치 하늘에서 내려온 천사와도 같았다. 엄마의 눈에서는 뜨거운 눈물이 끊임없이 흘러내렸다. 어느 순간, 엄마는 아기가 살아나게 될 것이라는 사실을 직감했다. 내 아이는 반드시 살아날 거야, 하나님께서 내 아이를 위해 천사를 여기로 보내신 게 틀림없어!

태어남과 동시에 죽음을 통보받아야 하는 기분을 어느 누가 알 수 있으랴. 만약 그런 순간을 맞이해 본 경험이 있는 사람이라면, 바로 지금의 내 심정을 이해할 수 있을 것이다. 나는 이 이야기를 들을 때마다 카세트의 리와인드 버튼을 누르듯 계속 다시 들려달라고 졸라대곤 했다.

꿀물을 먹고 기적처럼 살아난 아이! 정말 그랬다. 꿀물을 먹고 시간이 얼마쯤 지나자, 아이의 몸이 조금씩 움직이기 시작한 것이었다. 조금의 시간이 더 흐르자, 아기는 약하디 약한 목소리로 희미하게 울기 시작했다. 엄마는 기쁨에 찬 얼굴로 아이를 품에 꼭 안았다. 그리고 세상에서 가장 아름다운 마음을 가진 간호사에게 열 번, 백 번 고개 숙여 고맙다는 인사를 전했다.

정말 멋있지 않은가. 태어날 때부터 이런 특별한 순간을 겪었다는 사실에, 나는 매번 온몸에 경련이 일 정도로 짜릿함을 느낀다. 의학적으로 이 방법이 어떤 효과를 냈던 것인지, 지금도 나는 알지 못한다. 하지만 나는 결국 의식을 완전히 되찾았고, 부모님은 나를 데리고 집으로 돌아올 수 있었다. 분만실에서의 이야기를 전해들은 나의 아버지 역시, 꿀물을 먹였던 간호사 선생님께 감사의 인사를 거듭거듭 전하였다고 한다. 그 간호사 선생님은 지금 어디에서 무엇을 하고 계실까.

일어서면 쓰러지는 아이

그러나 죽음 앞에서 살아난 것을 행운이라고 감히 말할 수 있을까. 어쩌면 나의 탄생은 시작과 함께 내 가족들의 장밋빛 미래를 순식간에 절망으로 바꿔버린 하나의 사건이었을지도 모른다. 두 번 다시 생각하기 싫은 무기력하고 불행한 현실.

나는 여느 아이들처럼 무럭무럭 자라났다. 빠른 속도는 아니었지만, 곧잘 눈도 맞추고, 옹알이도 시작했다. 위로 오빠가 있었던 터라, 나의 부모님은 어렵게 얻은 막내이자 하나뿐인 딸을 애지중지 키우셨다.

하지만 돌이 지나면서부터 나에게 이상한 증상이 나타나기 시작했다. 아무리 노력해도 좀처럼 목을 가누지 못하는 것이었다. 일으켜 세우면 픽 쓰러지고, 또 일으켜 세우면 픽 쓰러지는 증상이 반복되었다. 만약 지금 같았으면 그런 증상이 나타난 즉시 부모님께서 병원으로 달려가셨을 것이다. 하지만 나의 부모는 출산 직후 겪으셨던 병원의 열악한 환경에 질린 나머지, 당신들의 힘으로 나를 보살피기로 결정하였다.

당시 어머니는 보험회사의 직원으로 한참 주가를 날리고 계셨다. 때문에 나의 양육은 이때부터 전적으로 아버지 책임이 되었다. 아버지는 아침에 눈을 뜨는 순간부터 저녁에 잠드는 순간까지 오로지 나를 위해서만 살아가는 삶을 선택하셨다. 목을 제대로 가누지 못하고 사지를 뜻하는 대로 움직이지 못하는 나를 위해, 아버지는 끊임없이 나에게 말을 걸고 이야기를 나누기 시작했다.

매일매일 책을 읽어주는 것도 아버지의 일상이 되었다. 아버지는 내가 몸을 가누지 못하는 대신, 나의 머릿속에 이 세상의 모든 지식을 몽땅 넣어주기로 작심한 사람처럼 보였다. 비록 몸은 움직이지 못했지만, 나의 머릿속에는 삼라만상의 원리와 이치가 차곡차곡 쌓이기 시작했다. 아버지는 정말 끈질기게도 각 분야의 다양한 책을 나에게 읽어주셨다. 눈이 책의 글자를 따라갈 수 있도록 볼펜으로 한 자 한 자 짚으며 책을 읽어주셨으니, 이 어디 보통 정성인가. 지금 나도 내 아이에게 제대로 해 주지 못하는 일인데 말이다.

신기한 일은 내가 온갖 이유를 대며 투정을 부리다가도 아버지가 책을 손에 들기만 하면 잠잠해진다는 사실이었다. 책을 읽는 동안에 나는 이 세상에서 가장 유순한 양이 되었다. 또한 나의 눈은 늘 반짝거리며 빛났다. 그것이 아버지의 느낌인지, 아니면 실제 상황인지 알 도리가 없긴 하지만.

5살이 되어도 나의 증상이 호전이 될 기미를 보이지 않자, 부모님은 나를 세브란스 병원에 데리고 가셨다. 그리고 그 곳에서 병명을 진단받았다.

중증 뇌성마비 1급. 나는 뇌의 손상으로 인해 손과 발을 자유롭게 움직일 수 없는 병을 가지고 태어났다. 손가락도, 발가락도, 팔도, 다리도 내 맘대로 움직이지 못한다. 물 한모금도, 밥 한 숟가락도 내 힘으로 먹지 못한다. 내가 원하지 않은 일이었지만, 모든 것은 운명처럼 결정되었다. 나는 태어나면서부터 장애인이었고, 죽는 그 순간까지 장애인으로 살아가게 될 것이란 사실을, 내가 다섯 살이 되던 해에 알게 된 것이다.

훗날, 나의 아버지는 이때를 회상하며 가슴을 치시며 통곡을 하셨다. 양수가 터졌을 그 당시 의사의 말을 무시하고 그냥 그대로 엄마를 입원시켰더라면. 내가 태어났을 당시 나를 그대로 집에 데려오지 말고 인큐베이터 안에서 치료를 받게 했더라면. 아니, 내가 목을 가누지 못할 때 조금만 더 일찍 병원에 데려갔더라면. 그랬다면 내가 뇌성마비 중에서도 가장 심하다는 중증 1급 판정을 받지는 않았을 것이라는 판단을 뒤늦게 하신 것이다. 실제로 나와 같은 증상을 가졌던 한 아이는 치료를 일찍 시작한 덕에 지금은 걸어다닐 정도로 호전이 된 경우도 있다.

하지만 나는 진심으로 나의 부모님을 이해한다. 장애는 준비를 하고 맞아들일 수 있는 성질의 것이 아니다. 이 세상의 어떤 부모도, 내 아이가 장애를 가지고 태어날 것이라는 상상을 하지 않는다. 때문에 장애인 부모로서의 역할을 미리 준비하지 않는다. 우리 부모 또한 마찬가지였다. 내가 장애인으로 태어날 것이란 사실을 꿈에도 생각해본 적이 없던 그분들로서는 그 당시 그 행동이 최선이었을 것이다.

나는 안다. 자식이 가진 육체적인 문제는 열심히 정성들여 보살펴주기만 하면 될 거라는 그 분들의 순수한 믿음을 어찌 탓할 수 있겠는가. 나의 부모는 의학적으로 가장 적합한 치료의 기회를 내게 주지 못하셨을 지도 모르지만, 그 분들은 자신이 가지고 있는 전부를 나에게 주셨다. 나는 그것을 믿는다. 그것이 나에게 주어진 운명이라는 것을. 그리고 그런 운명이 나에게 주어진 데에는 반드시 어떤 필연적인 이유가 존재하고 있을 거란 사실을.

아버지의 손길은 어느 누구의 손길보다도 섬세하며 다정하고 부드러웠다. 어디 한군데 흠이라도 생길까, 어디 한군데 불편한 데라도 있을까봐 노심초사하면서 1년 365일을 나에게서 눈을 떼지 않으셨다. 내가 살아가는 한, 살아있는 한 나는 누군가의 도움을 끊임없이 받을 수밖에 없을 것이다. 하지만 뼈가 가루가 되도록 일하면서 극진한 케어(도움, care)를 행할 수 있는 사람은 오직 나의 부모님뿐일 것이다. 게다가 아버지는 나의 장애가 다른 사람들에게 기억되는 개성이라는 점을 누누이 강조하셨다.

"네가 만약 어떤 사람을 만났을 때, 오래도록 기억에 남는 사람은 누구일까? 어떤 무리에 네가 섞여 있더라도, 사람들은 다시 널 봤을 때 확실하게 널 기억할 수 있어. 그게 바로 네가 가진 장애의 장점이란다. 그 점을 잊지 말거라. 너의 장애를 너의 개성으로 승화시켜야 해."

아버지의 이런 가르침이 지금의 나를 만들어낸 원동력이다.

뇌성마비는 유전이 아니다

뇌성마비에 대한 이해를 돕고자 간단하게 뇌성마비에 대해 설명을 하고 넘어가겠다. 일반인들은 뇌성마비나 소아마비, 뇌병변을 잘 구별하지 못하는데, 각각은 아주 다른 증상을 나타내는 질병이다. 뇌성마비는 한 마디로 말하면 태어나기 전이나 태어날 때, 또는 젖먹이 때의 뇌 손상으로 몸을 마음대로 움직일 수 없는 상태를 말한다. 이 용어는 넓은 뜻을 가지는데, 보통 어렸을 때 뇌가 잘못되어 생긴 모든 운동장애를 가리킨다.

뇌성마비를 앓았다 해서 꼭 정신박약이 되지는 않으며, 건강한 정신을 가진 어른으로 자랄 수도 있다. 나의 경우가 그렇다. 내 추측으로는 어머니의 양수가 터졌을 당시, 신생아에게 일시적인 무산소증이 일어나지 않았을까 싶다. 뇌성마비의 원인은 많고 다양한데, 보통 뇌에 있는 복잡한 신경회로의 기능이 이상을 일으켜 나타나는 것으로 보고 있다.

뇌성마비는 아기가 분만된 뒤에 뇌에 있는 신경세포와 간질조직, 혈관 등에 종양이 생겨서 오거나, 또한 뇌에서 화학반응이 잘못 일어나 생기는 것으로서 유전성은 아니다. 유전보다는 태아 때 뇌에 생기는 병이나 기형 때문에 뇌성마비가 많이 온다. 또는 태아가 모체로부터 거대세포 바이러스나 풍진 등에 전염되었거나, 난산으로 산소가 부족했거나 미숙아들에게 발생할 수 있는 뇌출혈이 있으면 뇌성마비가 될 수 있다고 한다. 유아기에 뇌를 둘러싸고 있는 막에 발생하는 뇌수막염을 앓거나 두부가 손상되어도 뇌성마비가 발생할 수 있다.

그러나 어릴 때 대뇌에 질환을 앓으면 자라서 지적 발달과 정서적 발달에 지장을 받게 되며 가끔 그 정도가 아주 심할 때도 있다. 뇌성마비가 있는 많은 어린 환자들의 경우, 마비된 뇌 부분이 지배하는 신체부위에 경련성 발작을 일으키는 간질 증세를 보인다. 경우에 따라서는 뇌성마비를 앓더라도 예민하고 똑똑한 경우가 있다. 그러나 증상이 심해 전혀 몸을 움직이지 못하고 말더듬 때문에 알아듣기 쉬운 말이나 표시로 자기 뜻을 밝힐 수 없을 때가 많아 정신이상이 있는 것처럼 보일 수도 있는 것이다.

나는 매우 운이 좋은 편에 속한다(아니, 그렇게 생각하려고 무척 노력해왔다). 왜냐하면 난 생각하고, 감정을 느끼고, 어떤 일을 결정하거나 판단하는 것이 모두 내 힘으로 가능하기 때문이다. 게다가 다행스럽게도 나의 부모는 나를 위해 얼마간 올인할 수 있는 경제적 능력도 갖추고 계셨다. 무엇보다도 나는 나의 정신을 컨트롤할 수 있는 능력을 가지고 태어났다. 이 얼마나 감사한 일인가. 남들보다 손가락을 조금 느리게 움직인다고 해서, 또는 걷지 못한다고 해서 내가 살아가지 못할 이유는 그 어디에도 없다. 나는 내 부모로부터 무한한 사랑과 관심을 받으며 자라난 어엿한 대한민국 여성이다.

덧붙여 뇌성마비 증상을 조금이라도 낫게 하려면 가족 또는 주변 사람들의 꾸준한 관심과 인내, 그리고 치료가 필요하다는 사실을 꼭 알아주셨으면 한다. 근육이완제로 치료하기도 하는데, 이 약으로는 일시적인 효과밖에 얻을 수 없고 그 효과도 완전하지 않다. 근본적인 치료는 신체적인 결함을 보완하기 위해 환자에게 유용한 감각, 운동, 지적인 능력 등을 개발하는 심리요법과 교육 · 훈련 등을 실시하는 것이다. 조금만 사회에서 신경을 써 준다면, 조금만 이웃에게 관심을 가져 준다면 장애라는 커다란 문제를 개인이 온전히 떠맡아 고군분투해야 하는 비극적인 상황이 점차 줄어들게 될 것이다. 그것이 바로 인간이 살아가는 의미가 아닐까. 서로 나누고 행복해지는 그런 삶 말이다.

재활학교의 독불장군

1981년 0월 0일, 나는 장애인들에겐 최고의 학교라고 불리는 사립 재활학교에 입학했다. 장애인들을 위한 초등학교 중 가장 좋다고 인정받는 학교였으니, 난 다른 장애인들에 비해 무척 행복한 셈이었다. 하지만 모든 것에는 양면성이 존재하는 법. 초등학교 시절은 내겐 딱 절반의 행복과 불행을 가져다주었다. 50%의 성공과 50%의 좌절.

처음 들어간 초등학교 교실 안 풍경은 그야말로 아수라장이었다. 단정한 책걸상과 온화한 선생님, 그리고 활발한 친구들을 기대했던 나로서는 상상도 하지 못한 풍경이었다. 순간 나는 당황했다. 하지만 모든 것은 나와 같은 장애를 가진 학생들이 다니는 특수학교에서 용모단정한 친구들을 바랐던 내 잘못이었다. 난 어려서부터 내 자신이 가진 것 이상을 꿈꾸고 바라는 면이 많았던 것 같다. 가끔은 내 스스로가 장애인이라는 사실을 잊어버린 채 말이다. 그도 그럴 것이, 아버지가 내게 읽어주시는 다양한 책 속에는 나의 장애와 상관없이 꿈꿀 수 있는 소망들이 무궁무진하였다. 내가 품은 이상(理想)은 날 높은 곳으로 이끌어 늘 열정적인 삶을 살게 만들어주기도 했지만, 때론 이렇게 심한 좌절감을 안기기도 한다. 이 어수선한 교실에서 어떻게 공부를 하란 말인가!

지금 생각하면 참으로 안하무인이었다. 자신도 뇌성마비이면서 고개를 뻣뻣이 들고 잘난 척 하는 꼴이라니! 친구들이 보는 내 모습이 얼마나 우스웠을까를 생각하면 지금도 웃음이 절로 나온다.

이처럼 나의 초등학교 시절은 생각처럼 순탄하게 흘러가지 않았다. 학교에 대해 호기심과 기대를 잔뜩 품고 있던 나에게 학교가 너무 만만하게 느껴진 것이 문제였다. 나는 이미 방대한 양의 독서를 통해 초등학교 저학년의 수준을 벗어나 있는 상태였다. 바로 이 점이 나의 학교생활에 문제로 작용하기 시작한 것이다.

결론부터 말하자면, 초등학교 1, 2학년 때 나는 왕따였다. 아이들에게 왕따였던 것이 아니라, 선생님께 왕따를 당한 것이다. 나는 선생님 입장에서 볼 때, 매사에 그냥 넘어가는 법이 없는 문제 학생이었다. 어떤 문제이든 이해가 되지 않으면 끝까지 따졌기 때문이다. 아주 작고 사소한 문제라도 나는 내 뜻을 관철시키기 위해 노력했다.

예를 들면 이런 식이었다. 내가 다니던 재활학교에는 점심시간이 끝난 후 '안정시간' 이라는 시간이 정해져 있었다. 식사를 끝내고 나서 한 시간 가량 낮잠을 자는 시간이었다. 나는 이런 시간이 있다는 사실에 나는 무척 놀라면서도 한편으로는 화가 났다. 잠이 오지 않는데 어떻게 강제로 잠을 자게 한다는 것인가. 처음에는 나도 그 시간에 잠을 자기 위해 조금 애를 써보았다. 하지만 헛수고였다. 잠은 커녕 시간이 지날수록 눈이 더 말똥말똥해지는 것이었다. 나뿐만이 아니라 주위의 친구들도 모두 마찬가지였다. 그렇지 않아도 몸을 움직이지 못하는 탓에 지겹도록 하고 또 하는 것이 바로 잠자기이다.

그런데 학교에서조차 정해진 시간에 잠을 자야 하다니! 이건 완전히 강제로 하는 시체놀이 아닌가.

상황이 이럴진대 가만히 있을 내가 아니었다.

"선생님, 저는 잠이 오지 않는데요."

"그래도 그냥 누워서 눈을 감고 잠을 청해 봐."

"아무리 노력해도 안 되는데요."

"그래도 밥을 먹었으니 쉬면서 한숨 자는 게 건강에 좋아."

"잠도 오지 않고, 쉬고 싶지도 않아요. 그런데 억지로 잠을 자야 하는 게 더 스트레스예요."

나는 한마디도 지지 않고 선생님의 말에 대꾸했다. 선생님은 황당한 표정으로 나를 쳐다보셨다. 나는 전혀 동요하는 기색 없이 선생님 얼굴을 빤히 쳐다보고 있었다. 당황한 선생님께서 다른 학생들을 보며 외치셨다.

"에…… 지금부터 내가 몽둥이를 들고 지나갈 텐데, 이 몽둥이에 걸리는 사람들은 모두 한 대씩 맞기로 한다. 지금부터 취침!"

다른 학생들이 선생님의 호령에 재빨리 열을 맞춰 자리에 누웠다. 나 역시 얼떨결에 자리에 몸을 눕혔다. 선생님은 몽둥이를 수평으로 치켜들고 우리가 누운 자리 위로 뻗은 다음, 차례로 지나가기 시작했다. 몽둥이가 내 위를 지나쳐가는 순간, 내 안에 오기가 슬며시 고개를 들었다. 선생님이 나의 의견을 무시하는 건가? 이건 논리적으로 앞뒤가 맞질 않잖아!

나는 눈을 부릅뜨고 안간힘을 다해 몸을 반쯤 일으켰다. 선생님의 몽둥이가 마지막 아이 머리 위를 지나치자, 드디어 선생님께서 뒤를 돌아보셨다. 그리고 나와 눈이 마주쳤다. 나는 크게 심호흡을 했다. 이제 내게 불호령이 떨어질 차례였다. 그런데.

선생님은 나를 보며 잠시 멈칫거리시더니 그냥 그대로 교실 밖으로 나가시는 것이 아닌가!

그것은 내 의견에 대한 암묵적인 동의를 뜻했다. 나는 속으로 쾌재를 불렀고, 어깨가 으쓱해졌다. 상황을 지켜본 내 옆의 친구들도 하나둘씩 몸을 일으키기 시작했다. 그 이후로도 선생님께서는 몽둥이 검열과 함께 '취침!' 이라는 구호를 외치셨지만, 한 번의 점검 이후 교실로 다시 들어오시지 않았다. 나는 친구들과 점심시간 이후의 황금 같은 한 시간을 실컷 놀면서 보낼 수 있었다.

한 번은 이런 일도 있었다. 어느 학교나 마찬가지겠지만, 우리 학교에서도 일기장 검사가 이루어지고 있었다. 내심 일기를 쓰고 그 내용을 선생님께 검열 받는 것이 못마땅하던 참이었다. 그러던 어느 날, 인내심이 한계에 다다르고 말았다.

"선생님, 일기는 자신의 내면의 기록 아닌가요?"

"내면의 기록, 맞지."

"그런데 그걸 왜 선생님께서 검사를 하세요?"

"매일 일기를 쓰는 습관을 길러주기 위해서 하는 거야."

"자신의 솔직한 마음을 담는 게 바로 일기인데, 그걸 매번 선생님께서 검사하고 게다가 평가까지 한다는 건 옳지 않다고 생각해요. 평가의 기준도 애매하고요. 습관 때문이라면 그냥 썼는지 안 썼는지 보시면 되잖아요."

나의 논리적인 질문에 선생님은 할 말을 잃으신 듯했다. 결국, 나의 말대로 일기장 검열은 그 이후부터 폐지되었다.

하지만 선생님에게 나는 얼마나 밉상인 아이였을까. 나중에 들어보니, 친구들은 나의 이런 태도에 속으로 조용히 쾌재를 불렀다고 한다. 솔직히 일반 학교에서도 나처럼 선생님께 들이대는 학생은 별로 없을 것이다. 하지만 난 불합리한 상황에서 입을 가만히 다물고 있는 성격이 못되었다. 그리하여 나의 별명은 '독불장군 조윤경'이 되었다.

이런 나의 독불장군식 학교생활은 초등학교 고학년에 이르러 절정에 달했다. 바로 전교 회장 선거를 통해서였다.

내가 5학년이 되었을 때, 당시 전교생은 50명 정도였다. 전교 회장 선거 후보자는 친구들의 열렬한 지지를 등에 업은 나와 이윤주라는 친구였다. 윤주는 나와 친하게 지내던 단짝친구 중 한 명이었는데, 집안에 굉장히 부유하고 교양이 높은 상류층 집안의 아이였다. 4학년 말에 엄마가 당뇨병으로 쓰러지면서 가세가 기울기 시작한 우리 집과는 비교도 할 수 없는 환경을 가진 친구였다. 윤주가 나의 단짝친구이긴 했지만, 경쟁은 경쟁이다. 나는 경쟁에서 승리하고 싶었고, 윤주를 이기고 싶었다.

그러나 상황은 나에게 불리하게만 돌아갔다. 윤주의 어머니가 본격적으로 선거 운동을 하기 시작한 것이다. 권모술수는 일반인들의 세계만 존재하는 것이 아니었다. 윤주의 어머니는 마치 딸을 통해 자신의 꿈을 이루려는 사람처럼 열심히 선거 운동을 하고 다니셨다. 모르긴 몰라도 돈 좀 쓰셨을 것이다.

드디어 투표 날. 개표가 시작되었다. 그리고 결과는 당연하게 윤주의 당선!

발표가 끝난 순간, 나는 이를 악물고 있는 힘을 다해 선생님을 불렀다.

"선생님! 저는 이 결과에 따를 수 없습니다!"

선생님은 깜짝 놀란 표정으로 나를 바라보았고, 다른 친구들 역시 의아한 표정으로 나를 주목했다. 나는 당당하게 말했다.

"선거는 전교생이 모두 있는 상태에서 이루어져야 하는 것 아닌가요? 학교를 대표하는 회장을 선출하는 데 빠지는 사람이 있어선 안 된다고 생각합니다. 전교생이 50명인데, 지금 결석한 학생이 10명이 넘지 않습니까? 이건 정당하다고 할 수 없습니다."

나의 말에 선생님은 아무런 말씀도 하지 못하셨다. 재활학교의 특성상 언제나 결석생은 10명 이상을 한참 웃돌기 마련이었다. 내가 바로 이 허점을 제대로 찌른 것이다. 일종의 부재자 투표 방식을 제안한 것인데, 아마도 나의 이런 당돌한 제안에 선생님도 무척 당황하셨으리라.

나의 불복종 선언으로 인해, 결국 재선거가 치러졌다. 결석을 한 학생들까지 투표에 참가할 수 있도록 조치를 취한 것이다. 그리고 결과는 나의 승리였다!

지금 생각해보면 나의 그 끈질긴 집착이 조금 부끄럽게 느껴지기도 한다. 그렇게 해서까지 꼭 전교 회장을 해야 할 절대적인 이유가 있는 건 아니었다. 하지만 난 정말 윤주에게 지기 싫다는 마음뿐이었다. 게다가 자신의 힘이 아닌, 엄마의 선거 운동으로 인한 당선은 내 양심상 인정할 수가 없었던 것이다.

학생회장이 된 이후로 나의 활동은 더욱 활발해졌고, 학교 내에서의 나의 영향력도 매우 커졌다. 나는 장애인들의 특수학교라는 차별성을 등에 업고 벌어지는 당연한 일들에 대해 논리적으로 따져나가기 시작했다. 장애인이라고 해서 무조건적으로 보호받고, 또 반대로 무조건 시키는 대로 해야 하는 건 아니다. 우리 스스로 판단하고 선택할 수 있는 것들은 스스로 해 내야 한다. 그것이 진정한 '자립' 아닐까. 비장애인이 되기 위한 노력 말고, 우리 스스로를 인정하며 살아가는 방법을 터득하는 것 말이다.

최초의 도서부장

학교는 결코 나에게 낯설거나 어려운 대상이 아니었다. 나는 이 시기를 내 황금기라고 생각하기도 하지만, 반면 좀 더 많은 공부를 하지 못했다는 사실에 대해서 내 자신을 질책하기도 한다. 돌이켜보면 나는 오로지 사회 활동과 인간 관계의 매커니즘에 푹 빠져 있었던 것 같다. 하지만 한편으로는 변화하는 환경에는 어떻게 적응하고 대처해야 하는지 배워나간 것은 수확이라면 수확이었다. 나 역시 전적으로 모든 것을 부모님께 의존하고만 살고자 했다면 지금의 내가 만들어질 수 있었을까. 세상이 바야흐로 내 앞에 모습을 드러내기 시작했을 때, 내가 세상에 당당히 맞설 힘을 기를 수 있었을까. 나는 온실 속의 화초처럼 누군가의 도움을 받으며 순종적이고 얌전한 아이로 조용히 살고 있을지도 모른다. 그런 면에서 재활학교는 나에게 도전과 탐험 정신을 길러준 주 무대였다.

반면, 주위의 친구들은 대부분 나와 다른 생각을 가지고 있었다. 그들은 도전과 탐험에 자신들이 내몰리는 것을 별로 좋아하지 않았다. 가만히 있어도 주위에서 모든 것을 도와주는데, 일부러 그 도움을 물리칠 필요는 없다고 생각한 것이다. 그렇기 때문에 그들은 순종적이었고, 수동적이었다. 어느 누구도 새로운 것을 해 보려는 시도를 하지 않았다.

　재활학교는 말 그대로, 학습이 반, 치료가 반으로 학교생활이 이루어진다. 게다가 학생들 모두가 장애인이기 때문에 선생님들의 마인드가 '교육'보다는 '보살핌'과 '치료'에 맞춰져 있는 실정이다. 어찌보면 선생님 입장에서 우리는 '학생'이기보다 '환자'였을 것이다. 나는 바로 그 점이 싫었다. 내가 학교에 입학하면서 품었던 꿈과 희망은 나도 다른 아이들처럼 공부를 하고, 친구를 사귀면서 규칙과 규율을 익혀나갈 수 있다는 것이었다. 다시 말하면 보통 사람들처럼 학교생활을 하고 싶었던 것이다. 하지만 어느 것 하나 우리 스스로 할 수 있는 건 없었다. 마치 태어날 때부터 죽을 때까지 온실 속에 가둬두고 정성껏 보살피기만 하면 되는 화초와 같았다. 난 그것을 거부하고 싶었다.

　그러다보니 학급을 운영하는 문제나 활동을 하는 데에 있어 나는 불만이 매우 많았다. 보통의 학교처럼 환경미화도 하고, 우리 스스로 운영하는 동아리도 만들고 싶었는데 그런 활동이 아주 미약했기 때문이다. 학교의 모든 활동은 학생들 위주로 돌아간다기보다 선생님과 부모님들 위주로 진행되었다. 경제 사정이 빵빵한 부모님들의 후광을 뒤에 업고 있는 친구들이 대부분이었고, 그들은 스스로 아무것도 하려 하지 않았다.

　나는 학년이 올라가면서 고민에 고민을 거듭했다. 그리고 내가 아무리 노력해도 비장애인이 될 수 없다면, 나는 내 스스로 장애인임을 100% 인정하면서 나의 역할을 찾는 것이 맞다는 결론을 내렸다. 나는 선생님께 밉보여 왕따를 당하면서도 친구들을 내 편으로 만들었다. 당연히 친구들 사이에서 난 인기가 최고였다. 그 당시 재활학교에는 없었던 학급부장이란 감투를 직접 만들어 내가 그 역할을 자청하여 맡았다. 내가 학급부장으로서 친구들의 고민을 들어주기도 하고 의견을 모아 선생님께 전달하기도 하였다. 그러자 선생님께서도 전달사항이나 협의가 필요한 사항을 점점 나에게 맡기기 시작하셨다. 선생님의 한 마디를 나는 열 마디로 풀어 친구들을 설득하였기 때문이다.

새로운 직책을 통해 역할이 형성될 수 있다는 사실을 깨닫게 된 나는, 그 다음 학급 내에 '도서관'을 운영해 보기로 결심했다. 집에 있는 책을 기증받아 교실 뒤편에 모아 분야별로 정리를 한 다음, 일정 기간을 정해 빌려가고 반납하는 형식의 새로운 시스템을 만든 것이다. 이것 역시 일반 학교에서는 1학년 때부터 당연하게 이루어지는 일이지만, 재활학교에서는 그런 시스템이 갖추어져 있지 않았다. 시스템에 갖춰지자마자, 나는 또 스스로 '도서부장'이란 직책을 만들어 그 임무를 수행하기 시작했다.

학급부장, 도서부장에 이어 나는 미화부장, 학습부장 등을 역임했다. 초등학교 5학년 때에는 전교 학생회장이 되어 열성적으로 살림을 꾸려나갔다. 이쯤 되자, 나를 못 말리는 반항아쯤으로 여기던 선생님들께서도 점점 나의 편이 되어 주셨다. 지루하고 실망스러웠던 나의 초등학교 생활은 결국 고학년이 되면서 정반대의 상황으로 변했다.

나의 이런 열정은 학교에서 열린 마지막 운동회 날까지 빛을 발했다. 백군과 청군으로 나뉘어 여러 가지 게임을 하고 경쟁을 하는 방식으로 열린 운동회였는데, 문제는 게임의 심판을 선정하는 데서 일어났다. 그때 당시 나는 백군이었는데, 청군에 속한 아이의 어머니가 심판을 맡게 된 것이다.

장애인들의 운동회는 비장애인들이 상상하는 것과는 다른 면이 많다. 일단, 아이들마다 장애의 유형과 성격이 모두 다르기 때문에, 똑같은 상황이나 조건에서 게임을 정당하게 치른다는 것이 무척 힘들다. 그렇게 때문에 게임의 판정을 내려야 할 때, 무엇보다도 심판의 공정하고 논리적인 기준과 판단이 승패를 가르는 경우가 많다.

반신반의하면서 경기에 임했던 나는 우려했던 결과를 맞이할 수밖에 없었다. 심판으로 나선 어머니가 자신의 아이가 속한 편의 일방적인 승리를 인정한 것이다. 나는 즉시 선생님들이 모여 계신 곳으로 다가가 이 점에 대해 강력하게 항의를 했다. 경기의 승패에 상관없이 게임에 참가한 한쪽 편의 어머니가 '심판'이 된 데에 대한 항의였다. 팔이 안으로 굽는 건 당연하고, 그런 불공정한 결과가 나올 여지가 있다면 애당초 심판을 공정하게 볼 수 있는 사람에게 맡겨야 하는 것 아니냐고 강력히 따졌다. 결국, 우리 팀에게 승리한 팀과 똑같은 선물과 혜택이 주어졌다. 공동 승리로 간주된 것이다.

초등학교 시절의 나는 그렇게 깐깐하고, 도도하며, 아무 것도 거칠것이 없는 아이였다. 틀린 건 바로잡아야 직성이 풀렸고, 이치에 맞지 않는 것 역시 이해가 될 때까지 알려고 덤볐다. 나는 우리 스스로가 먼저 변하는 것이 중요하다고 생각했다. 내가 그렇게 행동하고 판단할 수 있었던 원인은 바로 '책'과 '독서'에 있었다. 나의 그런 행동은 '독서'로부터 비롯된 자연스러운 나의 가치관에서 나온 것이다. 나는 학교에 다니던 내내 그 가치관대로 행동하기 위해 애썼다.

머릿속에만 있는 죽은 지식이 어떤 가치가 있는가. 모든 것은 바로
지금 이 순간, 행동으로 옮겨야 의미가 있는 것 아닌가.

나의 멘토

　내가 이런 가치관을 더욱 공고하게 다질 수 있었던 것은 초등학교 시절 내내 나를 돌봐주었던 자원봉사자 언니들 덕분이라고 해도 과언이 아니다. 초등학교 4학년 때 엄마가 당뇨병으로 쓰러지시고 아버지가 생계와 어머님의 간호에 매달려야 했을 때, 나는 자원봉사 언니들의 도움으로 학교에 다녔다. 주로 내가 사는 지역의 대학에 다니는 대학생 언니들이 나와 가정결연을 맺고 자원봉사자로 활동을 하였다. 오빠들이었으면 더 좋았겠지만(?), 내가 여자였기 때문에 그건 현실적으로 허용이 안 되었다.

　초등학교 저학년 때 독불장군으로 학교에서 낙인찍혔던 내가 그나마 융통성을 가지고 겸손해질 수 있었던 것은 바로 자원봉사 언니들 때문이었다. 그런 면에서 나는 역시나 운이 좋은 편에 속했던 것 같다.

　자원봉사자들이 나를 등교시키기 위해 찾아오기 전까지만 해도 나는 나의 모든 것을 전적으로 아버지께 맡기고 있는 상태였다. 나는 학교에 가기 위한 어떤 준비나 노력도 스스로 하지 않아도 되었다. 모든 것을 아버지가 알아서 해 주셨기 때문이다.

　하지만 자원봉사 언니들은 그런 나를 따끔하게 혼내기 시작했다. 말도 잘 하고 생각도 영민한 아이가 영 게을러터진 것이 못마땅했을 것이다. 난 어차피 내 손으로 세수도 할 수 없는데, 나보고 어쩌라는 것이냐고 투정도 부려봤지만 소용없었다.

"윤경아! 왜 아침을 안 먹었지?"

"아버지가 시간이 없으셔서요."

"그럼, 네가 스스로 먹으면 되잖아."

"제가 어떻게 혼자 먹어요."

"넌 그럼 언제까지 어린아이처럼 아버지가 밥을 떠먹여주길 바라는 거니? 아버지가 안 계시면 그냥 바보처럼 영영 밥을 굶을 거니?"

"어차피 먹어봤자, 다 흘린단 말이에요. 더러워요!"

"내가 보기엔 음식을 흘려 더러운 것보다, 아무 것도 안 하려는 너의 태도가 더 비겁해 보이는 구나."

이런 식이었다. 논리적이고 매몰찬 자원봉사 언니의 말이 난 그렇게 야속할 수가 없었다. 하지만 그와 동시에 난 새로운 것을 깨닫기 시작했다. 내 스스로가 나를 '장애인'으로 대하고 있다는 사실이었다. 내가 나를 장애가 있는 사람으로 치부하고 있는데, 어느 누가 나를 정상적으로 대해 줄 것인가. 나는 점점 자원봉사 언니의 말에 따르기 시작했다. 언니도 나의 그런 변화를 눈치챘는지, 점점 더 강도 높은 사회 적응 훈련을 시키기 시작했다.

나의 부모님이 나에게 한없는 보살핌과 사랑을 주었다면, 자원봉사 언니들은 나에게 사회에서 살아갈 수 있는 힘을 주었다. 나에게 자원봉사 언니들이 선생님이자, 친구이자, 멘토였다. 나는 학교에서 일어나는 모든 일을 언니들과 의논하기 시작했고, 언니들은 진심을 다해 나와 토론을 하였다. 사람의 심리를 분석하고 이해하는 일이 그렇게 즐거울 수가 없었다. 동시에 나는 나의 자존심을 지키는 법을 서서히 터득하기 시작했다.

내가 내 몸을 스스로 움직일 수 있도록 노력해야 한다는 각성이 있고 난 뒤, 나는 학교 점심시간에도 곧잘 스스로 밥을 먹으려고 노력했다. 많은 친구들이 서로 돕거나 간호사들의 도움을 받아 밥을 먹었지만, 나는 음식물을 온통 주변에 흘리면서도 혼자 밥을 먹었다. 다른 사람들이 보면 나의 모습이 궁상맞아 보였겠지만, 나의 자존심은 그렇게 형성되어갔다.

장애인이나 비장애인이나 마찬가지이다. 완전한 나만의 노력으로 알을 깨지 않는 한, 나는 새로운 세계를 향해 단 한걸음도 나아갈 수 없다.

21세기 자원봉사자

몸도 움직이지 못하고, 손도 쓸 수 없는 사람이 '나, 영화보러 가고 싶어.', '화장하고 싶어.' 라고 이야기한다면 사람들이 혀를 끌끌 찰 것이다. 별 걸 다 바란다는 식이다. 만약 당신이 장애인에게 밥을 떠먹여 준다고 상상을 해 보라. 이런 경우, '밥에 반찬을 모두 섞어 쓱쓱 비벼 한 숟가락씩 떠먹여주면 먹이기도 좋고 받아먹기도 좋을 것이다.'라고 생각할 수 있지만 천만의 말씀이다. 식사는 사람에게 소중하면서도 아주 큰 즐거움이 아닌가! 밥은 밥대로, 반찬은 반찬대로 맛을 보고 느껴보고 싶은 욕구는 장애인이라고 다르지 않다. 하지만 다른 사람의 도움을 받는 처지에 찬밥, 더운밥 가릴 수 있나. 주는 대로 먹을 수밖에.

장애인들은 불가피하게 많은 사람들의 희생을 바탕으로 일상생활을 영위해야 한다. 그러다보니 작은 본능 하나서부터 맘대로 할 수 있는 것이 단 한 가지도 없다. 어느 장애인이 아주 적절한 비유를 한 적이 있다. 그가 장애인 시설에 들어가 처음으로 간호사가 엉덩이를 닦아 주었는데, 엉덩이에 아직 똥이 묻어 있는 느낌이 들어 영 기분이 나빴다는 것이다. 하지만 그는 '더 닦아주세요.' 라고 말하지 못했다고 한다. 차마 한 번 더 닦아달라는 부탁을 못하겠더라는 것이다. 그저 마음속으로 '당신 엉덩이도 그렇게 닦습니까?' 라고 몇 번을 물어봤다고 털어놓았다.

　나의 어린 시절에 자원봉사 언니가 멘토가 되었듯, 우리 주위에는 너무나 감사하고 훌륭한 자원봉사자가 많이 있다. 하지만 나는 감히 자원봉사자들에게 이런 말을 하고 싶다. 장애인의 위에 서서 강요하고 복종하길 원한다면, 아예 '봉사'를 하지 말아 달라고 말이다. 도움을 받는다고 해서 도움을 주는 사람의 밑에 존재해야 하는 것은 아니다. 도움을 주는 사람은 받는 사람의 취향과 입장을 잘 파악하여야 한다. 돕는 쪽의 입장을 강요하는 것은 진정한 도움이 아닐 것이다. 또한 도움을 받는 사람도 겸손하게 돕는 쪽의 말을 듣는 태도가 중요하다. 대신, 맘에 들지 않을 때는 분명하고 정확하게 거절할 수 있는 용기를 가져야 한다. 뒤에서 불평하거나 욕하지 말고.

　나는 비교적 나를 도와주는 사람들에게 예스, 노우를 확실하게 표현하는 편이다. 내가 특별하기 때문이 아니다. 보통 장애인으로 태어나거나 아주 어릴 때 장애를 입은 사람은 타협하는 것이 빠르고, 도움을 받는 일에 대해 부끄럽게 생각하거나 거절하는 일이 적다. 하지만 병이나 사고로 삶의 중간에 장애를 입게 된 사람은 다른 사람의 도움을 무척 부담스러워한다. 그래서 타인의 손에 나를 맡기는 데 아주 오랜 시간이 소요되는 편이다. 다른 사람의 도움을 받느니, 차라리 그냥 참고 말겠다는 생각이다.

　그러나 이런 태도는 앞으로 살아가는 데 아무런 도움이 되지 않는다. 불평, 불만이 생길 때는 용기를 가지고 이야기를 해야 한다. 그것이 오히려 봉사자들이나 복지사들을 돕는 길이다. 스스로에게도 발전적임은 말해 무엇하리.

반대로 장애인을 돕는 쪽에서도 이 점을 냉정하게 생각할 필요가 있다. 친절도 지나치면 독이 된다. 장애인에게 무조건적인 친절은 심하게 표현하자면 사형선고와 같다. 비장애인에게도 친절이 지나치면 '참견'이 되지 않는가.

'자, 당신은 몸이 불편하니 내가 다 도와드리겠습니다.' 라며 비장한 각오로 봉사에 임하는 사람은 오래가지 못한다. 그냥 별일 아닌 듯, 할 수 있는 한도 내에서 편안하게 봉사하는 사람은 장애인들과 오랜 친구로 남아 있는 경우가 많다. 모든 일에서도 그러하듯, 케어를 오래 지속하는 비결은 받는 사람도, 주는 사람도 자연스러운 상태여야 한다는 것이다. 그런 공감대는 서로가 그저 조금 다를 뿐이라고 생각하는 열린 마음으로부터 나올 수 있다.

21세기는 고령화 사회, 즉 케어의 시대이다. 어느 누구도 다른 사람의 손길 없이 건강하게 생을 마감하리라는 보장이 없다. 무엇이든 할 수 있는 사람이 어느 날 갑자기 장애인이 될 수도 있고, 자신을 돌봐줄 가족이 없는 상태에서 늙거나 병이 들어 어쩔 수 없이 남의 손을 빌려야 하는 경우도 생길 수 있다. 나는 아닐 거야…… 라는 막연한 생각을 하고 있다면, 한번쯤은 곰곰이 생각해보길 바란다. 어느 누구에게 닥칠지 모르는 불행에 대해 다함께 마음을 열고 대비하고 있다면 우리 사회가 얼마나 훈훈해지겠는가. 그 불행이 너의 것이든, 나의 것이든 말이다.

고마운 언니

　내가 혼자의 힘으로 휠체어를 움직일 수 있게 되자, 아버지의 짐은 한결 덜어졌다. 아버지는 아침마다 나를 세브란스 병원 내의 택시 정류소까지 데려다 주셨다. 그 곳에서 빈 택시가 오면 택시를 타고 학교에 가는 것이다. 돌아올 때도 마찬가지였다. 학교에서 태워주는 버스를 타고 병원 정류소에 내려 기다리면 아버지가 나를 데리러 오셨다.

　굳이 병원 정류소에서 택시를 잡았던 이유는 따로 있었다. 병원 내에 들어오는 택시를 타는 일이 일반 도로에서 택시를 잡는 것보다 그나마 쉬웠기 때문이다. 바쁜 아침 시간, 휠체어와 장애인을 태우려는 수고를 감당하는 택시기사는 지금도 많지 않다.

　그러다보니 택시 정류소에서 갖가지 웃지 못 할 사건들이 많이 일어나곤 했다. 가장 속이 상했던 것은 택시를 타려는 순간 새치기를 하는 손님들이었다. 택시가 도착하면 아버지가 먼저 나를 안고 택시로 달려가는데, 그 순간 얌체처럼 차를 먼저 타버리는 사람들이 종종 있었던 것이다. 그러면 나를 안고 택시로 가던 아버지는 순간 무안해져 쓴웃음을 지으며 한참동안 그 자리에 서 계셨다. 그렇게 그대로 나를 안고 다음에 올 택시를 기다리신 적이 한두 번이 아니었다.

한 번은 휠체어를 학교에 두고 온 적이 있었는데, 그 다음날 아버지는 나를 안고 정류소에서 한 시간이 넘게 택시를 기다리셨다. 의자에라도 앉아 계셨으면 좋았겠지만, 길게 늘어서 있는 줄 때문에 그럴 수가 없었다.

엄마의 병으로 가정형편이 어려워졌기 때문에 자가용을 살 수도 없는 노릇이었다. 그렇다고, 그 먼 길을 휠체어를 타고 갈 수는 없는 노릇이었다. 모두 자가용으로 등하교를 했지만, 나처럼 일반 대중교통을 이용해야 하는 친구들도 여럿 되었다.

바로 그 무렵, 나는 지금도 잊지 못하고 있고 꼭 다시 만나고 싶은 고마운 언니 한 명을 알게 되었다. 세브란스 병원 원무과에 근무하던 언니였다. 그 언니는 우연히 내가 택시 정류소에서 등하교를 한다는 사실을 알게 되었다고 했다. 그리고 얼마 후부터 별일이 없으면 꼭 그 곳에 나와 나를 도와주곤 했다.

어느 날인가, 내가 학교에서 평소보다 일찍 도착하여 정류소에서 아버지를 기다리고 있을 때였다. 어디선가 낯선 남자가 실실 웃으며 나에게 다가왔다. 나는 겁이 덜컥 났지만, 내 힘으로 할 수 있는 건 아무 것도 없었다. 그 남자는 겁에 질려 있는 나에게 다가와 조금씩 몸을 더듬기 시작했다.

바로 그때, 언니가 나타났다. 언니는 그 남자를 혼쭐을 내어 되돌려 보냈다. 알고 보니, 63병동(정신병동)에 입원해 있는 환자였다. 언니가 아니었으면 난 아마도 끔찍한 경험을 했을지 모른다. 나는 또 한 번 언니에게 감사한 마음을 표했다.

언니는 그 후로도 그렇게 시간이 날 때마다 그 곳에 나타나 나를 지켜주고, 말벗이 되어 주었다. 맛있는 것이 있으면 사 와서 먹여 주었고, 재미있는 세상살이 이야기도 많이 들려주었다. 덕분에 나의 등하굣길은 점점 더 유쾌한 시간으로 변해갔다.

　내가 중학교에 입학하여 얼마나 지났을까. 언제부터인가 그 언니가 내 앞에 나타나지 않았다. 그리고 그 후로 그 언니를 다시 볼 수 없었다. 원무과에 찾아가 물어봤지만, 그저 그만두었다는 이야기뿐이었다. 지금은 이름이 잘 기억나지 않지만, 살아가면서 언젠가 꼭 만날 수 있다면 다시 한 번 고마움을 표시하고 싶다. 내가 많이 유명해지면 모 방송국의 사람찾기 프로그램에 나갈 수 있지 않을까? 그런 기회가 나에게 주어진다면, 나는 이 고마운 언니를 꼭 찾아볼 생각이다.

여관 장기 투숙 생활

초등학교 4학년 무렵부터 시작된 엄마의 당뇨병이 내가 졸업할 무렵이 되자 급속도로 악화되기 시작하였다. 병을 안고도 제대로 치료를 하지 못한 채 강행군을 한 것이 결국 큰 문제를 일으킨 것이다. 엄마는 당시 보험회사에 근무하고 계셨는데, 아래로 100명의 직원을 거느릴 만큼 유능한 직장인이었다. 하지만 여자의 몸으로 한 집안의 생계를 꾸려가는 일이 결코 만만치 않았으리라. 적지않은 빚이 우리 가족을 짓누르고 있었다. 아버지는 이미 나의 재활치료와 생활보조를 위해 하시던 일을 접고 계신 상태였다. 결국, 엄마는 직장에 사표를 내면서 우리 집안의 경제 사정은 급속도로 나빠지기 시작했다.

반면, 집안의 이런 사정에 대해 자세한 내막을 알지 못하는 나는 자신만만하고 당당한 상태로 초등학교를 졸업했다. 내 코가 석자라서일까. 내 몸의 장애와 내 자신의 미래에만 관심이 집중되어 있던 나에게 집안의 어려움 따위는 그리 중요한 문제로 다가오지 않았던 것이다. 나는 초등학교를 졸업한 후 새로 입학하게 될 중학교에 대한 새로운 환상으로 하루하루를 즐겁게 보내고 있었다. 예전보다 더 많은 독서를 하며, 왕성한 식욕으로 음식을 먹어치우고 있었다.

그러던 어느 날이었다. 아버지께서 내 곁에 앉으시더니 조용하게 입을 여셨다.

"윤경아. 이제부터는 마음을 단단히 먹어야 살아나갈 수 있다."

"네? 그게 무슨 말씀이세요?"

"우리가…… 지금 살고 있는 이 집에서 떠나게 되었단다."

이야기를 꺼내는 아버지 표정이 말도 못하게 착잡해 보였다. 평소에는 웬만해서 감정을 잘 드러내지 않는 아버지였다. 내가 알고 있는 아버지는 폭풍우 속에서도 흔들리지 않는 대나무 같은 분이었다. 그런 아버지가 내가 태어난 지 13년 만에 처음으로 힘든 모습을 나에게 내비치신 것이다. 아버지의 온몸에는 기운이 하나도 없어 보였다.

순간적으로 나는 뭔가 커다란 어려움이 우리 가족에게 닥쳤다는 사실을 깨닫게 되었다. 그런 생각이 들자, 한동안 혼자만의 공상과 즐거움에 빠져 지내던 시간들이 후회와 부끄러움이 되어 나에게 몰려왔다. 하지만 지금 이 순간, 나마저 힘든 모습을 보인다면 아버지는 더욱 힘들어하실 것이 뻔하였다. 나는 용기를 내어 아버지에게 말했다.

"아버지. 전 새로운 세상을 경험하는 게 좋아요. 이 집을 한 번 떠나보는 것도 괜찮지 않을까요? 전 재미있을 것 같은데."

"……네가 생각하는 것처럼 단순히 집을 옮겨 가는 게 아니란다. 엄마가 직장을 그만두었고, 오빠와 네가 학업을 중단할 수는 없는 일 아니니. 그래서 엄마와 함께 이 집을 팔기로 결정했단다."

"그럼…… 우린 어디서 살게 되나요?"

"아마…… 당분간은 여관에서 생활을 하게 될 거야."

그렇게 우리 가족의 여관 생활이 시작되었다. 처음에는 한 달 정도면 끝날 거라고 생각했던 여관 생활이 두 달, 세 달 길어지면서 우리는 여관의 장기투숙객 명단에 오르게 되었다. 처음에 여관으로까지 찾아오던 빚쟁이들이 그나마 하나둘씩 자취를 감춘 것이 희망이라면 희망이었다. 나는 까닭모를 슬픔이 내 안에서 자주 생겨나고 있다는 사실을 알게 되었다. 하지만 한편으로는 조용히 슬픔을 삭였다. 내가 지금 슬퍼한다고 상황이 나아지는 것은 아니기 때문이었다.

여관에서 생활하는 중에도 아버지는 어머니와 의논 끝에 나를 중학교 과정에 속하는 재활원에 보내기로 결정을 내리셨다. 당시 우리나라에는 중, 고등학교 과정의 특수학교가 딱 네 군데 있었다. 그 중 가장 좋다고 소문이 나 있던 곳이었다. 사립 재활학교를 나와 함께 졸업한 대부분의 친구들은 치료와 학습을 병행하기 위해 외국으로 떠나고 곁에 남아 있지 않았다. 아버지와 어머니는 내가 받을지 모르는 상처를 생각하며, 어려운 형편 속에서도 최고의 학교에 나를 입학시키기로 결정한 것이다.

나는 걱정이 되면서도 내심 기쁨을 감출 수가 없었다. 조그만 여관방에 네 가족이 모여 슬픔을 곱씹는 모습을 견뎌내기에 아직 나는 너무 어렸다. 게다가 초등학교 생활을 당차게 해 냈다고 생각했던 나는 중학교 과정이 그리 두렵지 않았다. 오히려 더 많은 친구들을 만나 좀 더 성숙한 생활을 할 수 있을 거란 기대에 한껏 부풀어 있었다. 난 나의 이런 터무니없는 자신감이나 희망 때문에 가끔 받지 않아도 될 상처를 받곤 한다. 어쨌거나 그렇게 나의 고독과 좌절이 반복되었던 힘든 시기가 조금씩 다가오고 있었다.

마침내 입학의 모든 과정을 마치고 나는 중학생이 되었다. 그 곳은 초등학교와는 달리 평일에는 기숙사 생활을 해야 하는 곳이었다. 나는 여관을 떠나 기숙사로 들어갔다. 말이 기숙사지, 사실은 병원에 입원한다고 하는 편이 맞을 것이다.

나의 희망과 꿈은 학교 생활을 시작하자마자 무참히 깨어지기 시작했다. 일단, 그 학교에 있는 아이들이 가진 장애의 종류가 매우 다양하고 변화무쌍하였다. 장애인인 나조차도 적응할 수 없는 특이 장애를 가진 학생부터 육체의 장애가 아닌 정신적 장애를 가진 자폐아나 정신지체까지. 몸은 비록 뇌성마비지만 생각을 할 수 있고 말이 통했던 초등학교 시절의 친구들과는 너무나 달랐다.

나는 커다란 혼란에 빠지기 시작했다. 나는 나의 장애가 아닌 다른 장애에 대해 전혀 지식을 갖고 있지 않았고, 다양한 장애 유형을 보며 좌절감을 느끼기 시작했다. 게다가 학교에 다니는 아이들의 반 정도는 가정형편이 매우 좋지 않았다. 장애를 가지고 있어 부모로부터 학대를 받는 아이들도 여럿 되었고, 우울증에 빠져 주변 친구들과 어울리지 않는 친구들도 너무나 많았다. 누군가 먹을 것을 가져오면 때려서라도 그것을 빼앗아 먹는 나쁜 아이들도 있었다.

내가 무언가를 논리적으로 주장했을 때, 그것을 암묵적으로 승인하고 뒤를 봐주었던 선생님도 그 곳에는 없었다. 나를 따르고 인정해 주는 친구들도 없었다. 나는 그저 한 명의 뇌성마비 장애인으로 존재할 뿐이었다.

나는 점점 말이 없고 웃음이 줄어드는 아이로 변해갔다. 보다 못한 아버지가 몇 개월 동안 학교를 쉬도록 조치해 주셨지만 아무런 소용

이 없었다. 그 곳은 나에게 마치 생지옥처럼 끔찍하게 느껴졌던 것
이다. 나는 내 자신이 왜 그런 곳에 있어야 하는지, 왜 그런 아이들
과 어울려 생활해야 하는지 전혀 이해하지 못했다. 나이가 들어서야
알게 되었지만, 그 때까지 나는 완벽하게 '공주'로 행세하고 있었던
것이다.

내 스스로는 몇 겹의 알을 뚫고 나와 강인한 정신력으로 무장되어
있다고 자부하고 있었던 때였다. 그러나 그것은 아주 연약한 한 마
리 동물의 몸부림에 지나지 않았던 것이다. 나는 어려움을 이겨낼
준비가 되어 있지 않았고, 다른 장애를 받아들일 수 있을 만큼 너그
럽지도 않았다. 나는 고집불통에 세상물정 모르는 철없는 소녀일 뿐
이었다. 나를 중심으로 돌아가던 모든 세상이 이제 나를 세상 밖으
로 던져놓고 제멋대로 돌아가고 있었다. 나는 난생 처음으로 크나큰
좌절을 맛보아야만 했다.

나는 결국 학교를 중퇴하고 말았다. 나의 부모님은 내가 장애인임
에도 불구하고 나를 최고의 인재로 키우려는 목표를 가지고 계셨기
때문에, 십여 년 동안 모든 것을 내던지고 나를 위해 헌신하고 희생
하셨다. 그런 부모님 덕분에, 나는 세상을 살아가는 일이 얼마나 힘
든 것인지 미처 알지 못한 채 자라난 것이다. 장애가 있었지만 그것
을 이겨내는 것은 부모님의 몫이었고, 난 그저 차려놓은 밥상에서
떠주는 밥을 먹는 일만 했다는 사실을 그때서야 깨달을 수 있었다.

중학교 중퇴. 그것이 내가 열세 살이 되면서 갖게 된 나의 이름표
였다.

어둠 속에서 찾은 희망

내가 학교를 중퇴하고 집에 있게 되자, 아버지는 엄마와 나를 남겨두고 일자리를 찾아 다시 사회생활을 시작하셨다. 내 곁에서 항상 나를 돌봐주던 아버지의 빈자리는 너무나 컸다. 어려서부터 아버지의 수발만 받아온 나는 어쩐지 엄마와의 관계가 그리 편하게 느껴지지만은 않았다. 엄마는 늘 사회생활로 바쁘셨고, 입학식이나 행사가 있는 날에도 늘 늦게 나타나셨다. 어머님은 아주 강한 분이었고, 나에게 엄마는 오로지 기다림의 존재였다.

게다가 그 당시 병과 생활고로 몸도, 마음도 지쳐 있던 엄마는 나를 따뜻하게 감싸주지 못했다. 아버지는 내가 눈만 찡긋해도 내가 어떤 상황이라는 것을 단박에 알아차리셨지만, 엄마는 나의 이런 작은 요구에 대해 알지 못하셨다. 나는 짜증을 내는 일이 잦아졌고, 엄마 역시 점점 더 표정을 잃어갔다.

그러던 어느 날이었다. 나는 앉은뱅이책상 앞에서 책을 읽던 중 갑작스러운 배변 욕구를 느꼈다. 아무래도 식사를 한 것이 잘못되었는지, 금방이라도 설사가 쏟아질 것 같았다. 주위를 둘러보니 엄마가 방 안에 없었다. 책읽기에 골몰하다보니 언제 엄마가 나갔는지도 알아채지 못한 것이다. 나는 안간힘을 다해 배에 힘을 주고 참고 또 참았다. 그러나 나의 괄약근은 더 이상 본능을 참지 못하고 활짝 열리고 말았다. 그 순간, 설사가 한꺼번에 주르륵 흘러 옷을 적셨고, 고약한 냄새와 함께 방 안에 번지기 시작했다.

나는 큰 소리로 울면서 엄마를 불렀다. 태어나서 한 번도 겪어보지 못했던 상황이었다. 내가 몸부림을 칠 때마다 내 몸은 똥으로 범벅이 되어갔다. 나는 스스로에 대한 모멸감과 수치심으로 정신을 잃을 만큼 큰 소리로 울어댔다. 한참이 지나서야 엄마가 방 안으로 들어섰고, 그 광경에 엄마는 넋을 잃을 수밖에 없었다. 나는 엄마의 따뜻한 위로와 위안을 기대하며 울음을 그치고 엄마의 얼굴을 쳐다보았다.

그러나 엄마의 입에서는 내가 상상하지도 못했던 말이 튀어나왔다.

"내가 못 살아! 아이고, 내 팔자야! 내가 전생에 무슨 죄가 그리 많다고!"

순간, 나는 충격으로 온몸이 딱딱하게 굳어버렸다. 앉아서 똥을 싸고 똥물범벅이 된 것도 억울하고 분통하다고 여기고 있던 나의 머릿속에서 엄마의 말이 폭탄처럼 펑펑 터지고 있었다. 나의 가슴 속에서 고통과 원망의 파편이 튀어오르기 시작했다. 나는 숨을 쉴 수가 없었다. 엄마가 나의 존재를 귀찮게 여기고 있었다니! 내가 엄마에게 그런 존재였다니!!

그 다음에는 무슨 일이 일어났는지 정확하게 기억이 나질 않는다. 내가 분노에 찬 나머지 엄마에게 무슨 말인가를 쏟아낸 것도 같고, 그대로 정신을 잃은 것도 같다. 내가 눈을 떴을 때 모든 상황은 이미 종료가 되어 있었다. 나의 몸은 말끔하게 씻겨 있었고 나는 자리에 누워 있었다. 나를 덮은 이불에서는 보송보송 좋은 냄새가 풍겨져 나왔다. 정신을 차리고 보니 눈물이 범벅이 된 채 엄마가 내 곁에 앉아 있었다.

"미안해. 윤경아, 미안해. 엄마가 정말 미안해. 미안해……"

엄마는 끝도 없이 미안하다는 말을 반복하고 있었다. 그런 엄마의 모습을 보는 순간, 눈에서 눈물이 왈칵 쏟아져 나왔다. 이유도 알 수 없고, 원인도 알 수 없는 눈물. 원망인지 사랑인지 알 수 없는 정체 불명의 눈물.

"미안해, 엄마. 나도 미안해. 이렇게 태어나서 정말 미안해……"

모녀는 서로를 부둥켜안고 한참을 울었다. 나는 이제야 비로소 엄마의 마음을 알 수 있을 것만 같았다. 엄마와 나 사이에 보이지 않게 쌓여 있던 벽들이 눈물과 함께 허물어진 것이다. 나는 얼마나 나 혼자만의 성에 갇혀 살고 있었던가! 나는 늘 부모에게 무언가를 받기만 했지, 한 번도 부모님의 입장에서 부모님의 삶을 생각해 본 적이 없었던 것이다.

생각해 보면, 엄마는 당시 심한 당뇨병으로 이미 몸을 가누기 힘들 만큼 상태가 악화되어 있었다. 편히 쉬어도 병이 나을까말까 하는 판국에 제 손가락 하나 움직이지 못하는 딸의 수발까지 들어야 했으니, 정상인이라면 어떻게 그 상황을 온전하게 견디어 내겠는가. 엄마의 얼굴에 늘 피곤과 짜증이 가득했던 이유도 알 것만 같았다. 따지기 좋아하고 제 몸 챙기기에 바쁜 나는 늘 엄마의 상황에 아랑곳하지않고 뭔가 요구만 했다는 사실도 깨닫기 시작했다. 엄마가 침울하게 앉아 있는 시간이 많아지고 있음에도 불구하고, 나는 엄마에게 완벽하게 무관심했던 것이다.

나는 잘 살던 시절의 엄마 모습을 떠올려 보았다. 엄마는 늘 활기에 차 계셨고, 얼굴이 불그스름할 정도로 통통하면서도 유쾌한 분이셨다. 그러나 지금은 어떤가. 눈에 띄게 온몸이 야위고, 주름도 많아져 얼굴이 쭈글쭈글해 보였다. 엄마는 너무나 지쳐 있었다.

나는 마음을 고쳐먹기로 작정했다. 내가 조금이라도 엄마를 도울 수 있는 방법은 성숙하게 생각하고 행동하는 길이라는 사실을 깨달았기 때문이다. 알아서 도와주길 기대하기 이전에 미리미리 나의 요구사항을 정리해서 엄마에게 부탁드렸다. 그리고 다른 무엇보다 함께 있는 시간에는 대화를 나누려고 노력을 하기 시작했다. 나는 병에 지쳐 누워 있는 엄마를 눈앞에 두고도 이마 한 번 짚어드리지 못하는 못난 딸이다. 그 불효를 갚기 위해서 내가 할 수 있는 일은 뭐든 해야 했다.

시간이 흘러갔다. 좌절과 고통만 존재했던 시간과 공간 속에서 엄마와 딸의 새로운 정이 솟아나기 시작했다. 엄마는 나에게 이성에 대한 이야기를 처음 꺼내셨다. 여자가 남자와 어떻게 다른지, 여자와 남자가 서로를 어떻게 존중해야 하는지에 대해서. 엄마는 사회경험이 많으셨던 것만큼, 풍부하고 다양한 사례를 들면서 나에게 이성에 대해 이야기해 주셨다. 이야기를 들으면서 나는 엄마의 새로운 모습을 발견할 수 있었다. 엄마는 섬세하고 예민하며 여린 분이심과 동시에 아주 단호하고 이성적인 분이었다. 엄마가 나에게 무언가를 설명하고, 논리적으로 설득하는 힘은 단연코 카리스마 그 자체였다!

나는 내가 가지고 있는 열정과 리더십이 엄마에게 물려받은 것임을 그때 깨달을 수 있었다. 엄마는 나에게 이야기를 할 때, 단 한 번도 내가 장애인이란 사실을 의식하지 않고 단호하게 말씀하셨다. 아니, 장애가 있기 때문에 더욱더 자존심을 지켜야 하고, 철저하게 따져봐야 한다고 몇 번을 강조하셨다. 나와 엄마의 이야기는 몇 번의 밤을 지새우면서 계속되었다.

물론, 그 이후로도 나는 몇 번 더 엄마와 다툼을 겪어야 했다. 질병과 자신의 삶에 대한 자책으로 엄마의 마음이 날로 쇠약해져갔기 때문이었다. 그러나 나는 더 이상 엄마를 원망하지 않을 수 있게 되었다. 엄마를 인간으로 이해할 수 있었기 때문이다. 그와 동시에 마음 속에서 한줄기 희미한 희망이 솟아나기 시작했다. 그것은 인간관계에 대한 갈망, 그리움이었다. 어쩌면 나에게도 사랑이 찾아올지 모른다는 막연한 환상이었을지도 모르겠다.

여덟 살 미향이

여관 투숙 생활의 재미있는 점은 새로운 다양한 사람들을 많이 볼 수 있다는 것이다. 내가 살았던 곳은 작은 마당을 가운데에 두고 여섯 개 정도의 방이 ㄷ자 형태로 마주보고 있는 여관방이었다. 지금 생각해보면 그때의 나는 양귀자 선생님의 소설 속 주인공과 같았다. 여관방을 들락날락하는 여러 사람들을 보며 나 혼자만의 이야기를 만들며 시간을 보냈으니까. 나의 상상 속에서 그들은 군인도 되었다가, 사랑하는 연인도 되었다가, 친구도 되었다가, 안타까운 인연도 되었다. 소설 속 나성여관이라는 작은 공간 속의 구성원들이 끌어가는 큰 세상에 대한 이야기처럼, 나는 그 곳에서 세상을 읽고 배워나갔다.

잠을 이루지 못할 때는 시간의
발자국 소리가 선명하게 귓전을 때린다.
나는 시간이 저벅저벅 걷는 모습까지 보고 있다.
시간과 시간 사이, 일초와 일초를 이루는 그 간격이
죽음보다 더 깊다는 사실도 잠 못 드는 밤에 깨닫는다.
내 영혼이 그 웅덩이에 빠져 허우적거리는 것을
느낄 때는 목이 죄어 오는 공포에 휩싸이기도 한다.

많은 것을 원했던 시절이 있었다.
달리기에 편한 운동화, 주머니가 많은 책가방,
가수의 침 삼키는 소리까지 들려주는 음질 좋은 일제 카세트 라디오,
빨수록 색깔이 나는 본바닥 청바지.
그런 시절에는 상처도 깊지 않았다.

운동화나 청바지만큼의 깊이,
그 깊이라면 내일에의 희망까지 저당잡힐 이유가 없다.
나는 순서나 절차를 무시한 채
그 시절을 건너뛰었다는 생각에 종종 목이 멘다.
순서나 절차가 중요하다는 이 깨달음이야말로
내가 겉늙었다는 중요한 징조이기도 했다.

• 양귀자님 소설 〈희망〉 中에서

스스로 그 시기를 잘 이거낼 수 있었던 힘은 내가 가진 긍정적인 사고방식 때문이었다고 판단하고 있다. 고집불통에 깐깐하기 그지없는 아이였지만, 희한하게도 나는 절망이나 고통을 길게 끌지 않는 습관을 가지고 있었다. 다른 사람들이 보기엔 우리 가족이 집도 없이 빚쟁이들에게 쫓기며 여관 생활을 하고 있는 밑바닥 인생으로 여겨졌을지도 모른다. 하지만 나에게 그 곳은 삶의 터전임과 동시에 아주 상징적인 의미를 가지고 있었다.

나는 그 곳에서 격정적인 방황기를 겪었고, 성인으로 한 단계 성숙할 수 있는 사춘기를 겪었다. 그런 시기에 내가 기거하는 공간은 남

들이 생각하는 '집', 그 이상의 것이었다.

　여덟 살 미향이를 만난 것도 그 곳에서였다. 미향이는 내가 기거하던 방에서 두 칸 떨어진 옆방에 살던 아이였다. 아버지, 새엄마와 함께 살고 있었는데, 아버지가 일을 나가면 새엄마가 늘 아이를 때리는 소리가 들렸다. 내가 몸이 온전했다면 당장 달려가 아동학대죄로 고소하겠다고 엄포를 놓았을지도 모른다. 하지만 그건 늘 생각뿐이었다. 새엄마의 날카로운 쇳소리와 아이의 울음소리에 가끔 경기가 일어날 지경이었다.

　그러던 어느 날, 내가 방문을 열고 바람을 쐬고 있을 때였다. 옆 방문이 빠끔히 열리더니 얼굴이 지저분한 여자아이 하나가 마당으로 걸어나왔다. 잔뜩 주눅이 들어 있는 폼이 영락없이 며칠은 굶은 병아리 같았다. 나는 아이에게 말을 걸었다.

　"너, 이름이 뭐니?"

　아이가 화들짝 놀라며 나를 쳐다보았다. 나는 아이에게 기분 좋은 미소를 씩 날려주었다.

　"미향…… 이요."

　"미향? 아름다운 향기란 뜻인가? 이름 한번 되게 좋네. 몇 살?"

　아이는 말 대신 손가락 여덟 개를 펴 보였다. 여덟 살. 그 나이면 초등학교에 가야할 시기이다.

　"그럼 초등학교 1학년이네. 그런데 학교는 안 다니니?"

　아이는 대답 없이 고개만 끄덕였다. 아이의 눈에 금방 그렁그렁 눈물이 맺혔다.

　그 이후로 여덟 살의 미향이와 열세 살의 나는 친구가 되었다. 나

와 친구가 된 미향이는 새엄마를 피해 우리 방으로 피신을 오곤 했
는데, 새엄마는 아예 그걸 편하게 생각하는 눈치였다. 친구나 동생
을 가질 수 없었던 당시 상황에서 미향이는 나에게 보살펴야할 동생
도 되었다가, 같이 놀 친구도 되었다. 그 당시 내가 같이 어울릴 수
있는 사람이 누가 있었겠는가. 같은 또래 친구들이 중증 뇌성마비
아이와 어울려 줄 리 만무하였고, 학교에 중퇴하였으니 주위에서의
시선이 그리 좋은 것도 아니었다.

그러나 미향이에게 나는 그저 옆집의 좋은 언니이자 친구로서 존
재하였다. 그 아이에게 나는 장애인으로 비춰지지 않았다. 오히려
나는 새엄마에게 구박을 당하는 미향이를 위로하고 품어주었다. 미
향이는 나를 무척 잘 따르는 귀여운 동생이자 친구였다.

미향이와 내가 주로 했던 놀이는 인형놀이였다. 일종의 역할놀이
를 한 셈이다. 나는 미향이에게 잡지를 주며 멋지고 날씬하게 폼을
잡고 있는 외국 모델의 사진을 오려달라고 부탁하곤 했다. 미향이와
나는 종이인형을 들고 한껏 뽐내며 모델 흉내를 내곤 했다. 그 아이
의 마음속에, 그리고 내 마음 속에는 새로운 세계를 향한 동경이 모
락모락 피어올랐다. 미향이의 순수한 마음 덕분에 우울했던 나의 하
루도 얼마간은 즐겁고 유쾌할 수 있었다.

내가 어린 미향이와 친구가 되어 시간을 보내고 있는 동안, 하나밖
에 없는 남매인 나의 오빠는 사춘기에 접어들고 있었다. 몸이 불편
한 동생에게 부모님의 신경이 온통 쏠려 있던 참에 집안 형편까지
점점 나빠지기만 했으니, 어느 곳에서도 마음의 안정을 찾기 힘들었
을 것이다. 주위의 환경은 오빠를 점점 더 황폐하게 만들었다. 엎친

데 덮친 격으로 아버지가 일하시던 곳이 문을 닫게 되면서 우리 가족은 더 이상 여관비를 낼 수 없게 되었다.

추운 겨울로 접어들던 어느 날, 결국 우리 가족은 여관에서 쫓겨나고 말았다. 병든 엄마와 아빠, 오빠와 나는 할 수 없이 시골에 계시는 할아버지 댁으로 향했다. 나를 헌신적으로 돌봐주셨던 아버지와 달리 할아버지는 장애를 가진 손녀를 쉽게 인정하시기 힘드셨던지, 아버지와 거의 연락을 하지 않고 지내고 계셨다. 하지만 갈 곳이 없어진 우리 가족에게 선택의 길은 그것뿐이었다. 이로서 여덟 살 친구 미향이와도 영영 이별을 하고 말았다.

사발면과 녹음기

시골로 내려가 생활한 지 몇 달이 지났다. 시간이 지나자 몸이 어느 정도 회복된 엄마가 오빠를 데리고 서울로 올라가셨다. 할아버지와 할머니의 못마땅한 시선도 시선이었지만, 언제까지나 시골에 얹혀 살 수도 없는 일이었다. 하지만 형편이 나아지면 곧 함께 살자는 약속과 달리, 아빠와 함께 남은 나는 18살에 될 때까지 시골에서 살아야 했다.

시골 생활은 고독하고 외로웠지만 불행하지는 않았다. 사춘기에 접어든 나의 곁에는 늘 아버지가 계셨으니까. 아버지는 친구이자 정신적 지주였다. 나의 눈높이에 맞춰 끊임없이 책을 읽어주셨으며, 때론 친구나 자매처럼 나와 놀아주셨다. 어떤 고민이든 아버지와 의논할 수 있었다. 신체적인 것이든, 정신적인 것이든 말이다. 아버지는 내가 좌절과 고통으로 시간을 보내지 않도록 하기 위해 늘 나를 자극시키고 격려하셨다. 덕분에 지금도 웬만한 일에는 눈 하나 깜짝하지 않을 수 있는 여유와 자신감이 생겼다. 모두 아버지가 심어준 자신감과 나에 대한 자긍심 덕분이다.

아버지와 함께 나의 외로운 사춘기 시절을 버텨준 친구가 또 있었다. 주인공은 바로 사발면! 당시 오백 원을 주면 살 수 있던 인스턴트 라면이었다. 그 시절, 하루 한 끼는 반드시 사발면을 먹는 버릇 때문에 어른들에게 혼나기도 많이 혼났다. 하지만 나에게 사발면은 라면 이상의 의미가 있었다.

말하자면 사발면은 나에게 바깥세상의 공기를 실어 나르는 전령사와 같았다. 너무 거창할지 모르지만, 실제로 그랬다. 내가 세상과 연결될 수 있는 통로가 무엇이 있겠는가. 책이나 TV 속에서 만날 수 있는 사람들, 사물들, 세상 풍경 말고는 무엇 하나 가까이 느낄 수 없는 것을. 점심식사 즈음 아버지가 가져다주시는 사발면을 먹으면 마치 바깥세상을 맛보는 것과 같은 기분에 사로잡히곤 했으니, 사발면을 주지 않으면 울며불며 떼를 쓸 수밖에 없었다.

사발면이 나에게 바깥세상의 맛을 보여준 친구였다면, 녹음기는 내 안의 나를 끄집어내준 친구였다고 할 수 있다. 혼자 있는 시간이 지루해질 때가 되면 난 녹음기에 공테이프를 넣고 내 목소리를 녹음하곤 했다. 노래를 녹음해 보기도 하고, 누군가에게 전하는 편지를 녹음하기도 했다. 녹음기의 좋은 점은 마음에 들지 않는 부분을 다시 녹음할 수 있다는 사실이다. 나는 몇 번이고 내가 부른 노래를 다시 들어보고, 다시 녹음을 거듭했다. 너무 많이 녹음을 했다 지웠다는 반복하여 어느 순간 공테이프가 질질 늘어지기도 했지만, 오히려 질질 늘어진 목소리가 재미있게 들린다는 사실도 발견하였다.

가끔 녹음기가 고장나는 경우도 있었지만, 나중에는 고장난 기계에서 나는 잡음까지 나에게 말을 거는 것처럼 들려왔다. 나는 고장난 기계와도 소통할 수 있을 만큼, 내 주위의 것들과 가까워져 있었다. 사실, 휴대전화기같은 기계들이 나하고 맞춰지는 경험은 그리 새로운 것은 아니다. 무엇이든 내가 마음을 주는 것이라면 나와 동일시 될 수 있다. 사람만 마음대로 되지 않는 것일 뿐. 나는 그것이 소통이라고 생각한다. 어쩌면 이것은 독불장군이면서 고집불통인 나, 조윤경 캐릭터가 가질 수 있는 마지막 자존심이었는지도 모른다. 외로움을 벗어나기 위한 처절한 몸부림으로 보일 수도 있지만, 나는 철저하게 모든 것과 소통의 길을 열기 위해 노력했던 것이다.

녹음기에 매달려 제 목소리 바꿔보기를 계속하는 딸을 위해, 어느 날 아버지는 최신형 라디오를 선물해 주셨다. 그 때의 기쁨이란 어찌 말로 표현할 수 있겠는가. 녹음기가 일방통행이었다면, 라디오 방송은 쌍방향 통행이 가능한 세계였다. 그 환희로움이란!

나는 그 순간부터 라디오 아나운서를 장래희망으로 품을 수 있었다. 내가 장애인이란 사실은 문제될 것이 없었다. 아니, 오히려 남들과 다른 모습이기 때문에 사람들의 주목을 충분히 잡아끌 수 있을 거란 확신이 생겼다. 나는 나의 장애를 이용하여 반드시 내 꿈을 이루고 말리라는 결심을 굳히고 또 굳혔다. 시간마다 색을 달리하는 여러 방송을 들으면서, 나는 어떤 말투로 어떤 방송을 할 수 있을까 하는 상상의 나래를 펼치곤 하였다. 혼자 극본을 구상하여 녹음기에 녹음을 하고 다시 들어보기도 수백 번.

누군가 나에게 언제 가장 행복했느냐고 물으면, 난 주저 없이 이 시절을 일순위에 올리곤 한다. 책을 벗삼아 마음껏 꿈과 상상의 나래를 펼 수 있었던 시절. 상실감은 없었다. 불행하지도 않았다. 시골 구석방에서 나의 꿈과 희망은 그렇게 무럭무럭 자라나고 있었다.

나의 첫 수호천사

사람의 성격은 유전에 의한 것이 아니라 자라면서 겪은 주변 환경이니 사람에 의해서 형성된다고 한다. 여성 장애인의 경우도 마찬가지가 아닌가 싶다. 여성 장애인에게는 '여성'과 ' 장애인' 이라는 고정 관념의 속박이 주어진다. 스물세 살에 남편을 만나기 전까지 나의 삶은 여성도 남성도 아닌 그냥 장애인의 삶이었다.

다행히 아버지는 대부분의 장애인 부모님들과 다르게 뇌성마비인데다가 늦둥이이기도 한 딸을 극진히 아껴 주셨다. 장애로 차별이나 서러움을 받지 않는 정도가 아니었다. 오히려 공주처럼 예쁘고 귀하게 자랐다. 우리 집에서는 엄마가 직장에 다니셨던 기간이 길었기 때문에, 내 용변과 목욕은 거의 아버지가 담당하셨다.

그런데 초등학교 5, 6학년이 되면서부터 어릴 때 당연하게 받아들이던 부문에 대해서 의문과 불만이 생기기 시작했다. 아버지는 남들 앞에서 아무렇지 않게 옷을 갈아입히시거나 용변을 보게 할 때가 많았다. 다른 여자아이들은 치마를 들추는 장난만 해도 어른들이 야단치고 난리가 나는데, 왜 나 같은 장애인은 많은 사람들 앞에서 그런 행동을 하여도 아무렇지 않게 생각되는 것일까?

그런 상황에서 육체적으로는 여성이라고 해도 마음으로는 여성이라는 성 정체성을 인식할 수 없었다. 몸도 불편한데 여성으로서 뭘

할 수 있겠냐는 생각을 하게 되었고, 진정한 여성이기보다 생리적인 여자라고 인식할 뿐이었다. 하지만 사춘기를 지나고 이성에 눈 뜨게 되면서 나의 장애를 뼈저리게 느꼈다. 나는 장애인이라기보다는 한 인간으로, 한 여성으로 살고 싶었다.

이런 이유로 사춘기를 지나 성인이 되어가면서 성 정체성에 대해 심각한 고민을 시작하게 되었다. 내 곁에서 내 모든 것을 완벽하게 케어해 주시던 아버지마저도 이 부분에 대해서는 나의 욕구를 알지 못했고, 충족시켜 주실 수도 없었다. 생리의 뒤치다꺼리까지 해 주시면서도 그저 그런 현상을 육체적인 하나의 증상으로만 생각하신 것이다. 아버지가 그랬으니 나도 당연히 그럴 수밖에 없었다. 나는 남자란 동물에 대해 거부감이나 거리낌, 혹은 반대로 애착이나 친밀감을 가질 수 없었다. 애당초 남자와 여자라는 구분이 무의미했다. 사회에 나가서도 마찬가지였다. 나를 만나는 남자들은 모두 나에게 예의바르게 행동했다. 지금 돌이켜보면 장애 여성을 책임져야 할 일이 생길까봐 조심한 것이 아닌가 한다.

성 정체성은 말로 배우는 것이 아니다. 경험해 보고, 느껴야 알 수 있다. 실연당해 본 사람은 실연당한 사람의 기분을 잘 알 수 있다. 연애를 해 봐야 연애할 때의 심정을 알 수 있다. 열여덟 살이 되도록 집에서만 생활해온 나에게 성 정체성이 생길 리가 없었다.

그런 내가 점점 나의 틀을 깨고 세상 밖으로 나가기 시작한 것은 교회를 다니게 되면서부터였다. 이대로 학업을 중단할 수 없다고 생각한 아버지와 나는 검정고시로 중, 고등학교 과정을 마치기로 결심을 하였다. 그리고 검정고시를 준비함과 동시에 교회에 나가기 시작했다. 친구 하나 만들지 못하고 몇 년을 보내버린 딸에 대한 아버지의 배려였다. 나 역시 세상으로 나갈 준비가 되어 있었다. 하루빨리 나가 친구들을 만나고 싶었다.

천성적으로 밝고 긍정적인 성격 덕분인지, 아니면 특이한 외모 덕분인지, 교회에 다니자마자 내 주위에는 금방 많은 친구들이 생겨났다. 장애인 특수학교만 다녔던 나에게는 모든 것이 생소하고 어리둥절한 일이었지만, 두렵진 않았다. 오히려 즐겁고 신이 났다. 비로소 세상과 함께 호흡하고 있다는 기분을 느낄 수 있었다. 내 머릿속에 차곡차곡 쌓여온 많은 지식들 덕분에 그들과의 대화에는 전혀 문제가 없었다. 아니, 오히려 친구들은 나의 해학과 유머러스한 대화법에 금세 빨려들곤 했다.

행운은 그 즈음에 찾아왔다. 나에게 속내를 털어놓을 수 있는 남자 친구가 생긴 것이다. 나보다 한 살이 어린 친구였는데, 변호사가 꿈이고 인상도 좋은 근사한 친구였다. 고등학교에 다니던 그 친구는 학생회장을 하고 있을 만큼 열린 생각과 자유로운 사고를 가진 똑똑한 남자였다. 누구에게나 친절하고 매너가 좋았기 때문이었는지도 모르지만, 어쨌거나 그는 나에게 관심을 나타내고 나를 도와주기 위해 발벗고 나서곤 했다. 그는 장애에 대한 편견을 가지고 있지 않았다. 나의 이야기를 늘 경청하였고, 자신이 힘든 일이 있을 때 언제나 나에게 달려와 상담을 요청하곤 하였다. 나는 진지하게 그의 이야기를 듣고 나름대로의 결론을 내려주곤 했는데, 그것이 그에게는 꽤 도움이 되었던 모양이다.

내가 검정고시를 치를 때 대필을 해 준 것도 그였다. 자신의 수능

시험 전날까지도 나에게 들러 나를 보살피고 돌아갈 정도로 희생정신과 봉사정신이 투철한 친구였다. 사실, 남자친구라고는 하지만 그 당시까지만 해도 나는 연애의 감정을 느낄 준비가 되어 있지 않았다. 나는 격의 없이 그 친구를 대했고, 그와 자연스럽게 스킨십을 하면서도 아무런 감정을 느끼지는 못했다.

나는 그 친구 덕분에 무사히 검정고시를 통과하였고, 그 역시 대학에 진학하게 되었다. 그러던 어느 날, 그에게 여자친구가 생겼다는 소식을 듣게 되었다. 소식을 듣는 순간, 나는 잠시 멍하니 넋을 잃고 말았다. 그게 어떤 기분이었는지 알 수 없다. 질투였을 수도 있고, 이성에 대한 첫 깨달음일수도 있다. 난 처음으로 그에게 내가 어떤 존재였을까에 대한 고민에 빠졌다. 나는 그에게 그저 친구였을까? 조금이라도 이성으로서의 감정을 느끼진 못했던 것일까?

자존심이 강했던 게 다행이었다. 나는 그 친구에게 전혀 아무런 내색을 하지 않았고, 여자친구가 생긴 것을 축하해 주었다. 그 친구는 여자친구가 생긴 뒤에도 변함없이 날 배려하였다. 영화를 보러 갈 일이 있을 때면 가끔 나와 동행하기를 권하였고, 나 역시 거부하지 않았다. 여자친구와의 어색한 시간이 내가 있음으로 인해 자연스럽게 풀어지곤 했던 걸 보면, 내가 꼭 눈치 없이 행동한 것만은 아니었던 것 같다. 그와 그의 여자친구와 나는 신나게 종로 일대를 누비고 다니며 마음껏 웃고 즐겼다. 그러면서 나는 조금씩 남자의 심리에 대해 배우기 시작했다. 남자가 여자를 어떻게 보는지에 대해. 좋아하는 여자에게 어떻게 행동하는지, 어떻게 마음을 표현하는지, 또 여자는 남자에게 어떻게 마음을 보이는지에 대해 말이다. 우리는 서로에게 활용가치가 높은 친구였다.

그가 군대에 갈 때까지, 그는 변함없이 나의 수호천사였다. 그를 만났기에 다행히도 나는 성 정체성에 대해 고민하고 답을 얻을 수 있었다.

나는 지금 감히 말할 수 있다. 자존감이 없는 장애인의 경우, 특히 여성 장애인의 경우 아버지의 사랑이나 관심을 충분히 받지 못한 경우가 대부분이다. 나 역시 스스로 성 정체성을 가지기까지는 시간이 좀 걸렸지만, 아버지가 나를 공주처럼 키운 것이 나를 이성 앞에서 떳떳하게 만들었다는 사실을 깨달았다. 딸에 대한 배려이든, 여자에 대한 배려이든 마찬가지이다. 나를 귀하게 여기는 사람이 있으면, 나 역시 누구를 사랑할 수 있는 마음을 가질 수 있다. 그런 면에서 장애인의 부모는 자신의 자녀에 대한 성 정체성 문제를 반드시 진지하게 고민해 볼 필요가 있다. 자녀를 무조건 배려하는 것도 좋지만, 남성이냐 여성이냐에 따라 가질 수 있는 생각이나 기분 등을 충분히 이해해 주어야 한다. 그래야 사회에서 떳떳하게 독립하여 한 가정을 꾸려나갈 수 있게 될 것이다.

영원한 동반자와의 만남

내가 어른이 되어가면서 우리 집안의 형편은 한결 나아졌다. 게다가 몇 년간 나와 함께 생활하셨던 할아버지께서도 드디어 장애인 손녀의 존재를 조금씩 인정하기 시작하셨다. 할아버지는 우리 가족에게 영구임대 아파트를 마련해 주셨다.

처음 아파트로 들어섰을 때의 벅찬 기분은 마치 내 다리가 멀쩡해져 휠체어에서 벌떡 일어나는 순간과의 기쁨과 맞먹는 것이었다. 한두 평의 좁은 방에서 네 식구가 엉켜 지냈던 몇 년 동안의 고생이 눈 녹듯 사라졌다. 마치 궁궐에라도 들어온 기분으로 환호성을 질러대자 아버지와 어머니는 눈물을 글썽이며 나를 바라보셨다. 오빠는 별로 표정의 변화가 없었다. 그 당시까지도 오빠는 집안에 있는지 없는지 모를 만큼 가족과 동떨어져 있는 상태였다. 오빠는 함께 살았지만 결코 가족의 끈끈한 테두리 안으로 들어오려고 하지 않았다.

그러나 행복은 또다른 불행을 몰고 온다고 했던가. 조금 나아졌다 싶은 순간, 엄마의 병이 도지기 시작했다. 신장에 물이 차 있는지도 모르고 무리하여 일을 계속한 엄마가 어느 날 갑자기 쓰러져버린 것이다. 엄마는 응급실에 실려가셨고, 절대로 무리해서는 안 된다는 판정을 받았다. 다시 아버지가 동분서주 뛰어다녀야 하는 상황에 처하고 말았다.

　그 당시 나는 장애인과 비장애인이 함께 모여 만든 '어우러기'라는 모임에 나가고 있었다. 뇌성마비 장애인들의 복지를 개선시키기 위한 '뇌성마비 복지회'가 모체가 되어 제안된 모임이었다. 바로 그 모임에서 지금의 남편을 만났다. 아니, 솔직히 말하면 만난 것이 아니라 내가 남편을 찍었다고 해야 바른 표현일 것이다.

　모임에서 처음 본 남편의 모습은 자유로움, 그 자체였다. 남편은 머리를 길게 기르고 뒤로 질끈 묶고 있는 모습이었는데, 비장애인으로서 장애인을 케어하는 솜씨가 보통이 아니었다. 기술적으로 뛰어나다는 것이 아니라, 그 마음에 진심이 묻어나고 있었다.

　알아보니 공교롭게도 나와 가정결연을 맺고 있었던 언니 한 명이 남편에 대해 잘 알고 있었다. 물론, 연락처도 건네받았다. 당장 연락을 하진 못했지만, 이미 나의 마음속에는 남편에 대한 호기심이 싹트고 있었다.

　다음 모임 날, 드디어 남편을 만나 인사를 나누었다. 내가 여기저기 남편에 대해 묻고 다녔던 탓일까. 회원들 사이에 벌써 남편과 내가 커플이 될지 모른다는 소문이 퍼져 있었다. 그것까지 계획한 것은 아니었지만, 내심 싫지 않았다. 집으로 돌아가는 길, 남편은 자연스럽게 나를 집까지 바래다주겠다고 자청하고 나섰다. 모임 주최로 열린 일일호프 행사를 끝내고 돌아가는 길이었다.

　지하철에 올라탄 남편의 첫마디는 예상 밖이었다.

　"책 좋아하시죠? 읽을 만한 책 좀 추천해 주세요."

　책을 소개해 달라니, 이 얼마나 깍듯하면서도 맘에 드는 질문인가. 게다가 책 목록이라면 자다가도 벌떡 일어나 줄줄 욀 만큼 많이 알고 있었다. 나를 배려한 남편의 질문이었는지, 아니면 정말 내가 책을 좋아할 것 같아서였는지 알 수 없지만 나는 단박에 남편한테 빠져들고 있었다. 어쩌면 사람들이 말하는 '한눈에 사랑 빠져버렸네.'와 같은 증상이었는지도.

이후로 나와 남편은 급속도로 가까워졌다. 친구 몇 명과 함께 어울려 놀이동산에 가기도 했고, 책을 돌려 읽기도 했다. 남편은 처음 내가 느낀 대로 사회가 원하는 평범한 스타일은 아니면서도 유순한 사람이었다. 따뜻하고 자애로우며, 장애에 대한 편견이 전혀 없으면서 자유로운 사고를 지닌 사람이었다. 나중에 안 일이지만, 그의 어머니, 즉 시어머님도 약간의 장애를 가지고 계신 분이었다. 그렇기에 그의 케어에서 그런 자연스러움이 묻어나온 것이다.

그는 점점 나를 좋아하기 시작했다. 솔직히, 처음에는 그의 그런 감정을 믿을 수 없었다. 그런데 남편이 데리고 나간 그의 친구들과의 모임에서 나는 이미 애인으로 알려져 있는 것이 아닌가. 남편 주위의 모든 친구들은 이미 나를 공식 연인으로 인정하고 있었다. 유순하던 남편에게 그런 면이 있었다는 사실에 놀라면서도, 한편으로 나는 감동을 거듭하고 있었다. 우리는 점점 서로에게 빠져들었고, 많은 대화를 나누었고, 과거와 미래를 공유하기 시작했다. 우리 사이에 장애 따위는 아무런 문제가 되지 않았다. 모든 것은 물이 흐르듯 자연스러웠다.

정작 문제가 된 것은 내 부모님의 우려와 조바심이었다. 내가 진지하게 비장애인 남자를 만나고 있다는 사실을 알게 된 부모님은 우리 사이를 반대하셨다. 부모님의 기대에 한참 못 미치는 사위라는 사실이 그 이유였다. 다른 사람들은 의아해하겠지만, 장애를 가진 어머님 밑에서 밝게 자라지 못한 가난한 남편이 나의 미래를 책임지기엔 힘들다고 생각하신 것이 나름대로의 이유였다. 비록 장애는 있지만 늘 공주처럼 감정의 부족함 없이 자라온 나를 남편이 어떻게 감당할 수 있을지 당황하셨을 만도 하다.

　하지만 그런 부모님의 걱정은 하나의 사건으로 인해 변화를 보이게 되었다. 내가 잠시 병원에 입원해 있을 무렵이었다. 남편이 나를 보기 위해 병원으로 병문안을 왔다. 아버지와 간병인이 내 곁에 있던 시간이었다. 마침 점심때가 되어 중국음식을 시키게 되었는데, 간병인이 있음에도 불구하고 굳이 자신이 내게 음식을 먹여주겠다고 고집을 부렸다. 간병인과 아버지가 음식을 다 드시고, 나에게도 음식을 다 먹인 다음에야 자신은 퉁퉁 불어터진 면으로 식사를 대신했다. 아버지가 감동하셨음은 물론, 남편에 대한 걱정과 기우는 기대와 고마움으로 방향을 선회하게 되었다. 역시, 어느 곳에서나 진심은 통하는 법이다.

　그러던 어느 날, 남편이 나에게 여행을 제안했다. 나는 머뭇거렸다. 여행을 떠난다는 것은 미래를 약속할 수 있는 사람하고나 가능한 일이 아닌가. 그렇다면 나는 이 사람을 남편으로 맞이할 준비가 되어 있는가. 자신이 없었다. 그가 아무리 나를 사랑하고 있다고 해도, 또는 내가 그를 사랑하고 있다고 해도 결혼은 다른 문제였다. 감정만으로 살아지지 않는다. 나와 동반자가 되는 사람은 내가 죽을 때까지 나를 돌보겠다는 결심이 서 있어야만 한다. 나를 씻기고, 용변을 보게 하고, 집안 살림을 도맡아해야 함은 물론, 끼니때마다 내 식사를 챙기고 먹여줘야 한다. 핏줄이 아니고서야 이런 일이 어찌 쉽겠는가. 남녀의 애정보다 서로의 인생을 평생 서포트할 수 있는 사람이어야 했다. 그렇다면 그는 나에게 그런 사람인가. 어렵거나 힘든 일이 생겼을 때 나를 버려두고 뒤돌아가지 않을 것인가.

확신할 수 없었다. 처음 남편에게 다가갔던 당당함이 순식간에 사라지고 없었다. 나의 망설임을 눈치챘는지, 남편은 당일치기로 바다만 보고 돌아오자고 했다. 나와 함께 바다가 보고 싶다고 했다. 나는 나의 감정에 따르기로 결론을 내리고 그를 따라갔다. 한순간의 치기이거나 감정일지라도, 그 순간 그의 제안을 거절할 수 없었다. 그만큼 그는 내게 소중했고, 그와의 감정 역시 내게는 중요한 것이었다. 훗날 내가 거절당해 상처를 받더라도 내가 감내하리라 결심하고 떠난 첫 여행인 셈이었다.

여행에서 돌아온 우리는 얼마 지나지 않아 결혼식을 거치지 않은 상태로 함께 살기 시작했다. 형편상 결혼식이 힘들었던 탓도 있었고, 형식을 별로 중요하게 여기지 않는 사랑하는 남녀의 만남이었기에 가능한 동거였다.

임신, 그리고 출산

여행을 통해 서로에 대한 사랑을 확인하게 된 우리는 행복한 마음으로 동거를 시작했다. 그러나 함께 살아가는 것은 그렇게 만만한 일이 아니었다. 난 부모로부터 독립히여 남자와 함께 살게 되면서 비로소 내 몸에 장애가 있어서 힘들다는 것을 절실하게 느끼기 시작했다.

장애인과 비장애인이 만나서 연애하고, 사랑하고, 결혼해서 살아간다는 것은 주변에서 우리의 삶을 점점 더 단순하게 만든다는 것과 동일한 것이다. 즉, 한 가정을 이루는 순간, 우리는 사회에 노출이 되어버린다. 더 이상의 사생활은 존재하지 않는다. 나와 남편은 우리가 이룬 가정의 테두리 안에서 조용히 살 수 없었다. 비장애인과 장애인의 결혼 생활에 대한 주변의 지대한 관심으로 인하여 우리도 모르게 공개적인 삶을 살게 되어버린 것이다. 게다가 집안일을 도와주는 사람이 수시로 드나들 수밖에 없기 때문에, 우리의 생활은 더욱더 비밀이 보장될 수 없었다. 주변의 흥밋거리로 입에 오르내리는 일도 허다했다.

가장 참을 수 없는 것은, 난 장애가 있으니 수혜자로서 늘 참아야 하고 남편이 해 주는 대로 받으며 살아야 한다고 말하는 사람들이었다. 심지어 부모님마저도 나에게 끊임없이 그런 생각을 주입시켰다.

너를 책임지기로 한 남편에게 무조건 맞추며 살라는 것이었다. 사람과 사람의 만남이 아닌, 그냥 장애인과 비장애인이 사는 것, 그 이상도 그 이하도 아닌 생활이었다.

다른 사람의 이목이 뭐 그리 중요하냐고 할 수도 있겠지만 생활은 그렇지 않았다. 가끔 남편과 다툴 일이 있어도 '남편에게 짜증내지 말라.' 라는 말이 돌아오기 일쑤였다. 마켓에서 물건을 살 때도 내 의견은 무시되고 남편 말만 존중되는 일들을 겪다 보면 내 스스로 존중감이 없어지기 마련이었다.

나는 혼란스러움을 느꼈다. 결혼을 하고 아이를 갖는 것에 대해 걱정을 한 적은 없었지만, 내가 엄마가 될 수 있을지에 대한 불안감까지 겹쳐져 정신적으로 점점 지쳐가고 있었다. 바로 그 시기에 나는 덜컥 임신을 하고 말았다.

몸도 불편하고, 정신적 안정도 찾지 못한 상황에서 임신을 하다니! 나는 내 자신이 미워 견딜 수가 없었다. 모든 것에 대한 두려움이 한없이 커져만 갔다. 남편도 나에게 별 도움이 되질 못했다. 그만큼 나는 내 자신에 대한 고민에만 몰두하고 있었다. 첫째 아이가 예민한 성격이었던 것을 떠올려보면, 나의 태교는 완전 빵점이었다.

임신 5개월이 지나자 참을 수 없을 만큼 호흡이 가빠지기 시작했다. 늘 휠체어에 앉아 있어야 하는 몸으로 불러오는 배를 감당하는 것은 쉬운 일이 아니었다. 게다가 아이의 건강에 대한 걱정보다 내 상황에 대한 회의로 가득 차 있었으니, 그 상황을 여유롭게 맞아들일 수 있는 상태도 아니었다. 어디 그 뿐인가. 임신을 한 그 시점까지도 나는 남편에 대해 완전히 마음을 놓지 못하고 있었다. 언제 남편이 내 곁을 떠나버릴지도 모른다는 불안감이 나를 극도로 불안하게 만들고 있었다.

임신 7개월, 결국 옆으로 돌아누울 수도 없이 숨이 차고 아무것도 먹지 못하는 상황이 되고 말았다. 급히 병원에 입원했지만 나의 장애에 맞는 시설도 갖춰져 있지 않거니와, 침대가 몸에 맞지 않아서 삐걱삐걱 소리가 요란하여 같이 입원한 산모들이 항의를 하기 시작했다. 한순간도 편할 날이 없었다. 육체적 스트레스와 정신적 스트레스가 서로 상충하어 상승 작용을 일으키기 시작했다. 섬섬 날은 더워지는데, 나는 점점 더 음식을 입에 대지 못하고 있었다. 물 한 모금도 넘기기 어려웠다. 그저 뱃속의 아이가 빨리 나왔으면 하는 바람뿐이었다.

결국 임신 8개월이 되어 수술이 시행되었다. 더 시간을 끌었다간 산모 먼저 죽을 판이었다. 담당주치의가 수술 오케이 사인을 내린 지 한 시간 후, 남자아이가 태어났다. 1.8kg, 정상아보다는 많이 모자란 몸무게였다. 아기는 산소 호흡기를 꽂고 가쁜 숨을 쉬며 인큐베이터에 들어갔다. 어쨌든 기적 같은 일이었다. 마취가 깨어난 나는 푹 꺼진 배를 내려다보며 안도의 한숨을 내쉬었다. 아기가 무사하다니 그것으로 되었다고 생각했다.

그런데, 이게 웬일인가.

마취에서 깨어나 회복실로 옮겨지는 동안 고통스러운 소식이 내 귀에 전해졌다. 내 아이가 엄마와 같은 뇌성마비가 될 수도 있다는 것이다. 안도와 행복의 마음도 잠시, 나는 정신이 까마득히 멀어지는 느낌을 받았다.

뇌성마비는 유전되는 병도 아닌데 그럴 수가 있을까? 처음에는 믿어지지도, 믿을 수도 없었다. 태어났을 때 아기는 심장이 제대로 뛰고 있지 않았다고 했다. 아기는 신생아 중환자실에서 한 달을 지내야만 했고, 그로부터 몇 달 후, 결국 뇌성마비 판정을 받고 말았다.

엄마와 똑같은 장애……. 그때의 슬픔과 비참함은 말로 다 할 수 없었다. 누구를 원망해 보고도 싶었고, 왜 이 몸에 아이를 낳았을까…… 라는 후회도 들었다. 장애인으로서 겪었던 서러움을 내 아이도 똑같이 겪을 생각을 하니 더욱 마음이 아팠다.

아이를 병원 신생아 중환자실에 남겨두고 나는 일주일 후에 퇴원을 했고 그렇게 한 달이 지났다. 아이가 백일이 될 때까지는 남편이 직장을 쉬었고 나도 친정에서 몸조리를 해서 별 걱정이 없었다. 하지만 이후 남편은 직장에 다시 나가야 했고, 엄마의 병도 호전이 되질 않아 가족들이 계속해서 나와 아이를 돌봐주기 어려웠다. 장애를 가진 엄마가 아이를 키우는 데 도움을 줄 만한 복지제도가 갖춰져 있는 것도 아니었다. 나 혼자 건강한 아이도 아닌, 백일이 지나도록 목도 못 가누는 아이와 하루하루를 보내려니 눈앞이 아득했다. 그러나 마냥 환경을 탓하고 있을 수만은 없지 않은가. 당장 옆에 사람이 없으면 아이와 굶고 있어야 하는데, 내가 마음을 굳게 먹고 살아갈 방법을 생각할 수밖에 없었다.

그때 뼈저리게 후회스러웠던 것은 남편을 만나 결혼한 것도, 준비가 되지 않은 상황에서 되물림처럼 장애 아이를 낳은 것도 아니었다.

결혼을 하고 아이를 낳았음에도 불구하고 장애인이라는 틀 안에서 스스로 갇혀 있었다는 사실이다.

　난 이미 어엿한 성인이었고, 한 사람의 아내이자 한 아이의 엄마였다. 강해져야만 살아갈 수 있었다. 하지만 나는 내내 어려운 문제가 있으면 남편이나 가족, 또는 또다른 누군가가 나서서 문제를 해결해주길 바라고 있었던 것이다. 그때까지 유아적 어리광을 피우고 있던 꼴이다. 나는 장애인으로서 행사해온 어리광과 엄마와 아내로서의 책임감 사이에서 명확한 자리매김을 하지 못하고 있었다.

무소의 뿔처럼 일어나라

우여곡절 끝에 서울로 남편이 일하러 가고 나면 친구들이 돌아가며 아이를 돌봐주러 오게 되었다. 임시방편으로 아이와 나의 용변과 식사는 해결되었지만 마음속에는 변함없이 불안함이 존재하고 있었다. 오늘 친구들이 안 오면 어쩌나…… 남편이 다른 데로 도망을 가버리기라도 한 건 아닌지…… 라는 생각으로 노심초사하며 지냈다. 가끔 친구들이 1시간이라도 늦거나 하는 날이면 아이는 똥을 온 방바닥에 묻히며 울어댔고, 나 역시 어떤 조치도 취하지 못한 채 같이 울고 있는 날도 많았다.

아이는 무슨 잘못으로 우유조차 먹일 수 없는 엄마에게서 태어나 이렇게 고생을 하는 것일까? 장애가 있는데 아이를 낳은 것이 잘못일까?

아니다. 난 그때나 지금이나 장애 자체에 원인이 있다고 생각하지 않는다. 다만 장애를 핑계로 엄마로서, 나의 인생을 책임지는 성인으로서의 준비를 하지 않았던 것이다. 나는 마음을 다잡고 또 다잡았다. 중요한 건 나의 마음가짐이다. 내가 강해져야 한다고 생각하였다.

그렇게 6개월여의 시간이 흘렀다. 그 동안 장애아와 장애엄마의 살아내기 전쟁에 점점 적응이 되어갔고, 행복과 불행의 개념조차 잃어버린 채 하루하루 살아가기 바빴다. 당시 살던 집은 구리에 있었는데, 남편과 내가 동거하면서 마련한 단칸방이었다. 남편은 그곳에서 매일같이 서울로 출퇴근을 하였다.

계절이 바뀌어 가을이 지나고 겨울이 다가왔다. 한 평 남짓한 방에 화장실도 바깥으로 돌아나가야 하는 곳에서 아기와 겨울을 날 생각을 하니 앞이 막막했다. 고민하고 또 걱정해 봐도 뾰족한 수가 있을 리 없었다. 하지만 난 포기할 수 없었다. 어떻게든 내 아이에게 좀 더 나은 환경을 제공해 주고 싶었나. 고민 끝에 그 동안 도와주러 오던 친구들과 교회 사람들한테 하소연을 하기 시작했다. 마침 우리가 다니던 교회 목사님이 진행하시던 기독교 TV 성금모금 프로에 출연해 보면 어떻겠냐는 제안을 받았다.

평소 자존심 때문에 성금 모금에는 죽어도 나가지 않았던 나는 출연을 결심했다. 내 아이를 위해 앞뒤 가릴 처지가 아니었다. 지금 생각해보면 바로 이 시점이 방송생활이 시작된 시점이다. 다행히 우리 가족의 상황이 매우 특이하여 방송의 소재로 적합하다는 이유로, 방송국에서 무척 큰 관심을 보였다.

목적이 성금 모금인 만큼, 우리 가족은 최대한 불쌍해 보여야 했다. 열악하고 어려워보여야 했다. 하지만 난 최대한 추하거나 궁색해 보이지 않기 위해 옷도 깔끔하게 입고 밝게 웃으며 촬영을 시작했다. 그것이 마지막 남은 내 자존심이었을 것이다.

하지만 막상 촬영에 들어가니 비장애 남편이 얼마만큼 희생하고 사는지에 모든 초점이 맞춰졌다. 나와 아이는 마냥 응석만 부리는 남편의 짐 같은 존재로 비춰지고 있었다. 막연하게 뭔지 모를 거부감이 들었지만, 그 상황에서는 시나리오대로 할 수밖에 없었다. 촬영은 단칸방에서 처음 이루어졌다. 우리의 초라했던 단칸방의 신혼살림 촬영을 마치고 1주일 뒤 본격적으로 성금이 모아지는 스튜디오 녹화를 하러 방송국으로 향했는데, 문제는 이때 발생했다.

스튜디오 녹화 역시 힘겨운 삶을 보여주고 눈물샘을 자극해야만 하기 때문에 역시 모든 초점이 남편에게 맞춰졌다. 남편이 집에서 아이를 키우며, 장애여성을 뒷바라지하는 것이 얼마나 힘든지에 대한 인터뷰가 이어졌다.

물론, 남편이 착한 것은 사실이다. 하지만 단지 장애인과 사는 것 때문에 착하다고 여겨지고 영웅시 되는 것은 우리의 삶을 단순화하는 것이라 생각한다.

나의 고집은 거기에서 여지없이 드러나고 말았다. 아무래도 여성장애인으로서의 자존심과 존재감을 지키고 싶은 마음이 늘 잠재되어 있었나보다.

진행자가 나에게 질문했다.

"남편에게 제일 미안할 때가 언제인가요?"

답은 정해져 있었다. 나의 장애 때문에 어쩌고저쩌고. 그러나 나의 대답은 달랐다.

"솔직하게 말해서 내 장애 때문에 미안한 적은 없습니다."

순간 스튜디오와 모든 스텝 사이에 긴장감이 감돌았다. 서둘러 진행자가 상황을 수습했다.

나는 그 후 교회 사모님한테 "거기가 장애 운동하는 곳이냐"며 한참을 혼나야 했다.

그랬다. 그 순간까지도 돈, 이미지보다 '나'를, 또 '가족의 정체성'을 지키고 싶었다.

그럼에도 불구하고 성금은 꽤 모아졌다. 우리 가족은 한 달 후에 단칸방 생활을 끝내고 서울 도봉구 반지하 셋방으로 이사를 하게 되었다. 전셋집이지만 겨울나기 걱정은 없었다. 아이는 낮에는 복지관 내에 장애 전문 어린이 집에 맡기고, 밤에는 도우미에게 맡기게 되면서 우리는 조금씩 안정을 찾아갔다.

물론, 첫째 아이를 키우기 위한 전쟁은 계속되있다. 비장애 아이들이 인지능력과 문화적 혜택을 누리는 동안 우리 아이는 살기 위한 몸부림을 해야만 했다.

뇌파검사, 경기를 하지 않도록 하는 각종 약물…….

뇌성마비 아이는 예민하고 경직이 심해서 밤에 잠을 잘 자지 못한다. 갖가지 방법으로 재우려 노력하다가 같이 부둥켜안고 운 날이 많았다. 그렇게 우리의 삶은 깊어져 가고 있었다.

부부의 성(性)

남편을 만났을 때도 난 조심성이 없었다. 그렇다고 아무렇게나 행동한 건 아니었지만 남편은 나를 여자로 보지 않을 것 같았다. 누구도 나를 여자로 보는 사람이 없다고 생각했고, 스킨십이나 애정 공세에 떨림도, 거부감도 없었다. 그저 사랑에 대해 막연한 소녀적인 이 감상만이 있을 뿐이었다. 생리, 자위, 포르노…… 사춘기에 겪고 지나갔을 기본 성적 호기심마저 나에겐 없었다.

처음에는 남편을 거절하게 되면 나를 떠나버릴 것 같아서 그의 요구를 들어 주었던 면이 많았다. 그때까지도 나에게 성과 섹스는 마지못해 하는 행위로밖에 별 의미가 없었다. 그러나 막상 남편은 나를 여자로 대하고 있음을 느끼게 되면서, 육체적으로 여성적인 매력도 중요하다는 걸 서서히 깨달을 수 있었다.

결혼 생활 6년째인 지금 비로소 가정생활 속에서 장애 여성의 위치가 어때야 바람직한지 곰곰이 생각해 보게 된다.

결혼 초기에는 남편과 많이 다퉜다. 다른 부부들도 신혼 초에 싸움이 잦기 마련이지만 장애인과 비장애인이라는 벽 때문에 다툼이 한층 더 심각해지곤 했다.

책을 책꽂이에 꽂는 단순한 일도 난 높은 곳에 놓으면 꺼낼 수 없으니 낮게 놓아달라고 하고 남편은 본인의 습관대로 내 손이 닿지 않는 높은 곳에 놓아서 한바탕 싸우기도 했다. 싸우고 나면 한동안 어색한 분위기가 흐른다. 이때 싸움의 내용이야 어찌됐건 내가 먼저 사과해야 용변과 식사를 해결할 수 있다. 의·식·주를 해결하고자 터득한 나만의 방법이랄까.

밥을 먹기 위해 비굴해져야 하는 것은 직장이나 가정이나 마찬가지인 듯하다. 부부가 생활을 할 때 서로 끈끈한 애정이 밑바탕이 되어야 하겠지만, 때론 필요에 의해서 서로가 가진 능력을 이용해야 한다는 것을 깨딜있다. 남편이 나보다 육체적으로 할 수 있는 일이 많은 것이 사실이니, 긍정적 방향으로 맞춰 가면 건강한 부부들보다 훨씬 만족스럽고 행복한, 질 높은 생활을 영위할 수 있을 것이라고 생각한 것이다.

나의 장애는 경직이 심하지는 않아서 부부생활에 크게 문제는 없지만 다양한 체위라든지, 모험적인(독특한) 자세는 하지 못한다. 못하는 부분도 있고 내가 싫어서 안하기도 한다.

그러나 내가 못하는 것이 문제가 되지 않는다. 서로가 만족할 수 있는 우리 부부만의 테크닉을 개발하면 충분히 행복할 수 있다. 섹스는 둘만의 소통, 친밀, 대화 등이 조화를 잘 이루어져야 행복한 것이니까.

가끔 집에 혼자 있는 날 갑자기 배가 아프고 설사가 나서 바지에, 온 집안에 변으로 범벅을 해 놓아도 남편이 뒤처리 해 주고 섹스할 수 있으면 되는 것이다. 섹스할 때는 나를 세상에서 가장 아름답다고 느끼게 하는 둘만의 만족이 있어야 진정 의미가 있을 것이다.

부부 사이의 성, 그리고 섹스. 순간적인 쾌락을 위해 존재할 수도

있다. 그러나 상대의 마음과 생명에 대한 책임감도 반드시 함께 생
각할 줄 아는 자세가 필요하다. 그것이 행복한 부부간의 진정한 성
이다.

지호와 다영이

내 첫 아이 이름은 지호이다. 지호는 비록 뇌성마비였지만, 나의 말은 곧잘 알아들었다. 처음 아이가 어린이집에 가려고 하지 않아 늘 자지러지게 우는 아이를 억지로 떼어놓아야만 했다. 걷디 못한 나는 말귀도 못 알아듣는 한 살배기 지호를 내 앞에 앉히고 또박또박 이야기했다.

"지호야. 저녁에는 울지 말고 혼자 자야 하는 거야. 떼를 쓰면 네가 더 힘들단다."

거짓말처럼 지호는 그날 저녁부터 혼자 잠들기 시작했다. 엄마의 진심이 통한 것일까. 나는 그 후로도 그렇게 아이와 대화를 시도하였다.

"지호야. 이번 주부터는 너를 돌봐줄 사람이 이곳에 오질 않아. 그래서 일주일동안 이곳에서 지내야 해. 선생님 말씀 잘 듣고 있어."

지호에게 이렇게 직접 당부를 한 날이면, 지호는 울지 않고 장애시설 선생님의 품에 조용히 안기곤 했다. 남편과 나는 지호를 대견해하면서, 이 아이를 어떻게 잘 키워야 할지에 대해 토론하고 논의를 거듭하였다.

지호가 세 살이 되던 무렵, 다시 둘째를 갖게 되었다. 임신 사실을 알게 된 순간, 잠시 불안에 잠기긴 했었지만 낙태를 생각하지 않았다. 대신 첫째 아이 때와는 다르게 태교도 정성껏 하고, 최대한 건강을 지키기 위해 조심하기로 마음을 먹었다. 나는 부부로서, 엄마로서 준비가 되어 있었고, 인정도 받고 있었다. 나의 마음은 여유롭고 평화로웠다.

남편 역시 나와 같은 마음이었는지, 어디선가 빚을 얻어 최고의 시설이 갖춰진 병원에 나를 예약시켰다. 정기검진도 빠뜨리지 않고 다녔고, 아이를 낳기 일주일 전 병원 특실에 입원을 시켰다. 열 달이 지나고 건강한 여자아이가 탄생하였다. 둘째 아이 이름은 다영이로 지었다. 다영이는 다행히 건강한 정상아였다.

둘째 아이를 임신하면서 우리 가족은 유명세를 타기 시작했다. 임신 전에 인연을 맺게 된 구성애 선생님의 배려와 장애인 성 인식 개선 프로그램을 추진했던 인연으로 복지신문 등에 우리가 자주 소개되었다. 둘째아이를 임신함과 동시에 SBS '그것이 알고 싶다' 에서 둘째아이 출산과정과 일상생활을 촬영하여 방영하게 되었다. 장애유형별로 몸이 불편한 엄마들을 중심으로 아이를 키우는 데 힘든 점과 모성권를 찾아가고 지켜내는 모습들을 담기 위한 프로그램이었다.

방송을 보기 전까지 난 나만이 장애를 가진 주부이자 엄마라고 생각했다. 그런데 다른 장애 여성들도 다양한 형태로 엄마의 자리에 있는 것을 보고 충격과 자극을 받았다. 비장애인과 결혼해서 위축되어 사는 여성, 같은 장애인과 살아도 단지 여자라는 이유로 기가 죽어서 자기 목소리를 못내는 여성 등이 나로 하여금 장애여성과 사회복지에 내가 할 수 있는 역할을 생각해 보게 했다. 둘째 아이의 임신과 출산은 나의 인생에 커다란 터닝포인트가 되었다.

　방송 후, 바로 다음 날부터 밖에 나가니 사람들이 나를 알아보기 시작했다. 방송의 위력은 대단했다. 솔직히 그동안은 착한 남편만 영웅 시 되어 왔고, 나는 그 옆에 같이 사는 장애인일 뿐이었다. 그런데 이번엔 달랐다. 나는 모성애를 가진 당당한 한 엄마로서 사람들에게 인식되었던 것이다. 나의 이름과 얼굴을 알아보기 시작하는데 신기하기도 하고 재미있기도 하여 나는 어릴 적 꿈을 다시 한 번 떠올릴 수 있었다. 아나운서, 방송인, 연예인을 하고 싶다는 끼와 꿈. 내 안의 작은 욕망이 꿈틀거리기 시작했다. 그리고 무엇인가 해낼 수 있을 거라는 작은 희망이 생겨났다. 둘째 아이가 내게 가져다준 것은 행복과 축복, 그 이상의 것이었다.

절망 속의 꽃 한 송이

모든 것이 조금씩 제자리를 찾아가던 무렵, 엄마의 병이 악화되더니 결국 양쪽 다리를 절단해야 하는 시기가 오고야 말았다. 몸을 돌보지 못하셨기 때문에 갖게 된 당뇨병과 여러 가지 합병증으로 인해 엄마 역시 딸과 같은 장애인이 되어 버리고 만 것이다.

졸지에 내 아버지께서는 1급 장애인을 3명이나 돌봐야 하는 처지가 되고 마셨다. 엄마와 나, 그리고 지호까지. 우리도 우리였지만, 아버지의 심정은 어땠을까.

다리를 절단한 엄마는 극도로 쇠약해지기 시작했다. 육체보다 정신이 문제였다. 한때 지부장까지 지내며 리더십을 발휘했던 엄마가 양쪽 다리를 잃어버리게 되었다는 사실에 제정신을 반쯤 놓아버린 것이다. 사는 게 사는 게 아니었다. 엄마는 강해보였지만, 장애인 딸을 완전히 인정하기보다는 자신의 잘못에 대한 죄책감과 책임감으로 더 많이 무장되어 있었다.

나는 뒤늦은 후회를 했지만 소용없었다. 제 몸 하나 살아내기 힘든 딸을 둔 덕분에 다른 엄마들처럼 살가운 소리 한 번 들어보지 못한 엄마다. 나는 늘 엄마가 멀리 있다고 느꼈고, 그렇기에 엄마에게 의존하지도 않았다. 엄마가 그 자리에서 얼마나 외로웠을까를 생각하니, 눈물이 쏟아져 내렸다. 자식이 어찌 부모의 마음을 헤아릴 수 있을까. 자식을 둘이나 출산하고 나서야 나는 나의 잘못을 명확하게 깨달을 수 있었다.

후회는 늦은 것이었다. 다리를 절단한 지 8개월 뒤, 엄마는 결국 세상을 떠나고 말았다. 커다란 고통과 후회와 절망이 내 가슴 속을 파고들었다. 그러나 시련은 거기서 끝나지 않았다.

엄마가 돌아가신 지 석 달 후, 그러니까 2001년 가을. 지호가 갑자기 세상을 떠난 것이다.

나는 가슴을 쥐어뜯으며 울부짖었다. 세 어미가 힘들어 한 것이 안타까워서였을까. 아니면, 자기가 장애인으로써 살아가야 할 삶이 힘겨워서였을까. 아니면 먼저 간 쓸쓸한 외할머니의 말벗이라도 되고자 따라간 것일까.

남의 손에 맡겨져서 고생만 하던 지호가 허무하게, 너무도 무심하게 세상과 이별했다. 내가 더 참을 수 없었던 것은 지호가 가족의 품 안에서 숨을 거둔 게 아니라는 사실이었다. 지호를 맡겼던 시설의 연락을 받고 급히 달려가 보니 지호의 옷은 찢겨져 있었고, 눈은 거의 감긴 상태였다. 지호는 곧 세상을 떠났다. 상황이 의심스러워서 시신을 국립과학수사연구원에 의뢰도 해 보았지만 소용없는 일이었다. 아무 것도 밝혀낼 수 없었다.

엄마 손으로 밥 한 번 먹여보지 못하고 떠나보낸 첫째 아이.

그때 사회적 인식이나 복지 혜택만 제대로 갖추어져 있었어도 아이를 고생시키지 않았을 텐데. 이제와 후회한들 무슨 소용이 있겠는가.

지호의 장례식에서 돌아온 이후, 나는 꿈을 꾸었다.

지호가 멀쩡한 몸으로 모래장난을 하고 있었다.

살아생전 제 힘으로 땅을 밟아보지 못해서였을까. 아이의 모습은 더없이 평화로웠다.

나는 그 꿈을 꾼 이후로 마음을 놓았다. 지호는 저 하늘나라에서 차별도, 편견도 없는 세상에서 행복하게 살고 있을 것이다.

지호가 돌봐주고 있기 때문일까. 그 이후 우리 가족은 더욱 열심히 살아가고 있다. 엄마의 자리가 비자 그동안 가족의 언저리로만 돌던 오빠 역시 제자리를 찾아 아버지와 나의 든든한 지원군이 되어주고 있다. 지금은 다영이의 가장 큰 후견인이면서 나의 가장 든든한 마지막 지원군이다. 나를 '장애인의 푸른 아우성' 으로 이끌어 주신 구성애 선생님 덕분에 세종문화회관에서 성대한 결혼식도 올렸고, KBS '인간극장' 에도 출연하여 많은 주목도 받았다. 현재 남편은 민주노동당 사무실에서 차별 없는 세상을 위해 열심히 달려가고 있고, 나 역시 여러 단체에서 장애인의 성 문제와 인권 향상을 위한 활동을 계속하고 있다. 물론, 라디오 방송도 앞으로 쭉~ 계속될 것이다.

많은 사람들이 우리 가족을 바라보며 희망을 보고 있다. 우리 역시 그분들의 희망을 저버리지 않기 위해 진심을 다해 달려가고 있다. 상황을 획일화시키는 사회, 사람의 다양성을 무시하는 사회를 변화시키고 우리 모두 행복하게 살 수 있는 사회를 만들기 위해.

그래. 바로 지금부터 시작이다.

내 인생의 터닝포인트

어렸을 적부터 귀에 못이 박히도록 들어왔던 말이 있다. 대한민국의 헬렌켈러. 아버지께서 나에게 심어준 꿈이자, 삶의 방향이다.

아버지는 열정직이면서 유쾌하게 삶을 살아내신 훌륭한 분이시다. 또한 뛰어난 교육자이며, 가장 자애로운 봉사자이셨다. 그런 아버지에게 나는 장애를 가진 딸이라기보다 특별한 자랑거리로 존재하였다. 아버지는 늘 나에게 말씀하셨다.

"너는 얼마든지 훌륭하고 멋진 사람이 될 수 있어. 넌 한국의 헬렌켈러가 될 수 있단다."

이 얼마나 멋지고 아름다운 격려인가. 나는 진정으로 그렇게 되고 싶었고, 아직까지 그 꿈을 간직하고 있다. 자신의 시련을 가장 아름답게 승화시킨 진정한 인간의 초상. 아버지는 내가 어릴 때부터 그런 희망을 나의 가슴 가장 깊숙한 곳에 심어 주셨던 것이다.

헬렌켈러에게 설리번 선생이 있었다면, 나에게는 내 인생의 멘토가 되어주신 구성애 선생님이 계시다. 일생을 통틀어 가장 중요한 날을 꼽으라면 당연히 구성애 선생님을 처음 만난 그 날을 꼽을 것이다.

구성애 선생님을 처음 만난 것은 1997년이었다. 어느 누구보다도 장애인 활동에 문제의식을 가지고 열정적으로 활동하던 내가 장애인의 성 문화에 대한 관심을 가지기 시작한 이후 주선된 만남이었다.

선생님이야 전국적으로 워낙 유명한 분이셨기 때문에, 그저 만나뵙고 이런저런 충고를 들을 수 있으리라 생각한 것이 다였다. 아무리 유명한 분이라고 해도 장애인의 성 문제까지 관심을 가지고 계시진 않을 거라 생각했다. 그러나 나의 예상은 보기 좋게 빗나갔다. 구성애 선생님은 첫 대면에 바로 장애인이 처한 현실과 성 문화에 대해 직격탄을 날리셨다. 어느 누구보다 문제의 핵심을 정확하게 파악하고 계셨고, 그 부분에 대한 고민도 내가 부끄러울 만큼 진지하고 깊게 가지고 계셨다.

더욱 놀라운 점은 장애인에 대한 생각이 장애인인 나보다도 더욱 선진적이었다는 사실이었다. 선생님은 이미 장애인과 비장애인, 남성과 여성의 차별이나 차이로부터도 초월해 계셨다. 충격적이었다. 내가 그동안 얼마나 작은 우물 안에서만 헤엄치고 있던 개구리였는지. 세상에 대한 갖가지 불만만 토로하였지, 정작 어떻게 개선시킬 수 있을지에 대한 고민의 양은 선생님에 비하면 새발의 피였다. 나는 선생님의 이야기를 들으며 점점 더 크게 뛰고 있는 나의 심장소리를 느낄 수 있었다. 계속 짙은 안개 속을 헤매고 있다가, 비로소 한줄기의 빛을 만난 느낌이었다.

선생님은 짧은 순간 나를 양팔로 온전히 감싸안아 주셨다. 그녀는 이미 모든 것을 다 알고 있었다. 나에게 온갖 사물의 진실뿐만 아니라 미래의 비전까지 제시해 주고 계셨다.

선생님은 나와의 만남 이후, 바로 나에게 장애인의 성 문제를 고민

할 수 있는 '장애인의 푸른 아우성' 이란 단체의 설립을 제안하셨다. 선생님께서 직접 이 단체를 이끌어주시길 원했지만, 선생님께서는 한사코 사양하셨다. 제대로 단체를 운영하려면 자신이 어느 누구보다도 뼈저리게 그것을 원하고 있어야 한다고 하셨다. 그런 이유로 자신보다 내가 적당하다는 것이었다. 나는 고민 끝에 장애인을 위한 '푸른 아우성' 단체의 대표가 되었다. 선생님을 처음 만났던 그 날이 바로 내 인생의 또 하나의 터닝포인트가 된 것이다!

그 이후, 선생님께서는 끊임없이 보이지 않는 후원의 손길을 보내주고 계신다. 자주 만나 뵙지는 못하지만, 나는 늘 마음속에 선생님의 존재를 각인하며 살아가고 있다. 내가 나의 뜻을 펼칠 수 있는 터닝포인트를 마련해 주신 분이기 때문이다. 헬렌켈러가 차가운 물줄기를 만지며 처음 '물' 이라는 언어의 신비를 접한 것처럼.

선생님이 내게 가져다준 빛과 희망의 기쁨을 풍요로운 결실로 맛보려면 아직도 머나먼 길을 더 걸어가야 한다. 그 결과는 내가 얼마나 노력하느냐에 의해 결정될 것임을 알고 있다. 내 영혼에 새로운 눈을 뜨게 해 주신 선생님께 보답하기 위해서라도, 그리고 나를 한국의 헬렌켈러로 만들기 위해 온 인생을 다 바치신 아버지를 위해서라도, 나는 고통과 좌절을 이기고 새날을 소망하며 앞으로 걸어나갈 것이다.

제3부

♣

장애인의 푸른 아우성

벌거벗은 내 몸을 찍어주세요

2006년 4월 장애인의 날 특집 토크쇼에서 난 처음 그녀를 만났다. 그녀의 이름은 이선희. 세간을 떠들썩하게 한 '장애인 누드사진'의 모델이자 장애인자립센터의 활동보조인 코디네이터이다. 방송이 끝나고 난 후, 나는 그녀와 꼭 다시 만나 미래에 대한 진지한 이야기를 나누기로 손가락을 걸었다. 그녀의 웃음은 유난히 환하고 싱그러웠다. 그러나 그 날이 그녀를 본 마지막 날이 되고 말았다.

2006년 9월 23일 토요일 새벽, 제주도에서 33세의 꽃다운 여성이 사망했다. 1급 중증 장애인인 그녀는 집 앞 마당에서 전동휠체어에 앉아 혼자 쓸쓸히 눈을 감았다. 주위 사람들은 '돌연사'가 아닐까 조심스럽게 추측한다.

사망하기 전날 장애인 차별 철폐 투쟁에 참여하여 밤늦게 자취방에 귀가했다고 한다. 지난 2004년 방영되어 큰 반향을 일으킨 MBC '논픽션 공감'의 〈나도 여자이고 싶다〉 주인공이며, 같은 처지의 중증 장애인들에게 희망을 주던 동료 상담가이기도 하다. 이선희 씨는 자기 몸과 마음의 상처를 드러내어 장애인 차별을 깨뜨리고자 한 용기 있는 여성이었다.

그녀는 세상에 장애인 누드 사진을 선보이고 난 뒤 이렇게 말했다. "저의 누드를 보고 장애가 있는 여성도 충분히 아름답다는 사실을 느끼고 모두 편견을 버리고 어울려 사는 세상이 되었으면 좋겠다.”

이선희 씨는 중도 장애인이다. 22살 때 용두암 계단에서 굴러 떨어져 척수를 다친 이후 사지가 마비되어 줄곧 휠체어 생활을 한 것이다. 장애를 입은 몇 년 동안 그녀는 자살을 꿈꿨다. 상당한 미모와 재치를 겸비한 이선희 씨에게 장애는 감당할 수 없었던 고통이었다. 이선희 씨에게 남은 사람은 어머니와 남동생 뿐. 아버지는 일찍 돌아가셨다.

매일 생계조차 잇기 힘든 가난한 살림에 종일 집 안에 있어야 했던 그녀는 좌절감이 겹쳐져 스스로 절망하기에 이르렀다. “손이 마비되어 면도칼조차 잡을 수 없었다.”고 말했던 이선희 씨. “너 혼자 죽을 거라면 같이 죽자.”며 울음을 터트린 어머니의 억장 무너지는 슬픔 안에서 그녀는 “죽지 말고 살아야겠다.”는 결심을 하게 되었다고 한다.열심히 살아겠다고 독하게 마음을 먹었지만 장애를 입은 여성에게 현실은 너무나 가혹했다. 이선희 씨는 말했다. “나를 여성으로 안 봐줘요. 장애인으로만 보지.” 장애를 입은 이후에 사귄 사람과도 그렇게 헤어졌다. 그녀를 장애인으로 보고 배려했기 때문이었다.

그러던 중 어느 날 그녀는 어머니에게 부탁을 했다.

“벌거벗은 내 모습을 찍어주세요.”

사회적으로 폄하당한 여성으로서 자기 인식을 다시 찾기 위한 결정이었다. 어머니는 상처투성이인 그녀의 뒷모습을 찍어주었다.

이후 상황은 안 봐도 훤한 일이었다. 연예인들이 누드를 찍어도 세상의 시선이 곱지 않은데, 더구나 장애가 있는 여성이 누드를 찍어 세상에 내놓다니. 전국 각지에서 온갖 억측과 비난이 쏟아졌다. 심지어 장애인들조차 혐오의 시각으로 이선희 씨를 바라보기도 했다. 그녀의 마음앓이의 깊이가 얼마나 심했을지, 나조차도 감히 상상할 수 없다. 솔직히 고백하자면, 장애인의 성을 대변하기 위한 방법이 꼭 '누드집'이어야 했는지에 대한 의문도 들었다. 하지만 누드집을 내놓은 이후 그녀의 활동을 통해 나는 그녀가 진정으로 '장애인의 성'에 대해 절절하게 소리치고 있음을 느낄 수 있었다. 보수적인 우리 사회에서 여성 + 장애인 + 성에 대한 담론을 형성하려면 어떤 충격요법을 사용하지 않을 수 없다는 사실도 깨달았다. 꼭 다시 만나서 장애인의 성 문제를 해결해나가기 위한 방안에 대해 이야기를 나누기로 그렇게 약속을 했건만.

하지만 다행인 것은 결국 진실이 통했다는 사실이다. 장애인도 성이 있다는 금기의 빗장을 열기 위해 그녀의 행동, 그 아름다운 행보에 드디어 사람들이 마음을 돌렸다. 그녀는 훌륭하게도 그 많은 억측과 비난을 감수하였고, 2006년 3월 11일에는 제주지역 여성단체들이 주는 '성평등 디딤돌상'을 받았다. 여성들, 특히 여성 장애들이 사회적 편견과 차별로부터 벗어나 여성으로서의 삶을 살아갈 수 있도록 도와주는 다양한 활동을 하고 싶다고 그녀는 당당하게 밝히기도 했다. 이선희 씨의 시도는 한국 최초이다. 또한 자연스러움과 아름다움은 고정관념과 편견보다 더 큰 힘과 용기를 갖고 있는 게 분명하다는 걸 다시 또 확인할 수 있었던 뜻밖의 소중한 기회였다.

이선희 씨는 자신을 장애인인 아닌 여성으로 봐주기를 기대했다. 또한 이선희 씨를 포함한 모든 여성의 몸매를 성기가 아닌 여성으로 봐주기를 바란다. 지금 우리나라의 상황은 어떠한가. 정신지체 장애인 여성이 강간을 당하는 사건이 가끔 일간지의 사회면을 도배하는 끔찍한 현실이 대신 설명할 뿐이다.

장애인의 섹스 문제는 인간 존엄의 문제와 직결된다. 장애를 가진 사람은 성적인 어떤 관심도 가져서는 안 된다는 암묵적이고 비인간 적인 윤리가 우리의 몸을 휘휘 감고 있다. 어찌하여 장애인이 섹스 를 하면 추하다고 생각하는가?

나는 이선희 씨의 누드 사진이 장애인의 성적 권리에 대한 비장애 인의 고집스러운 편견을 깨는데 큰 영향을 미칠 것이라고 생각한다. '장애인의 성' 문제는 산발적이고, 단발성의 행사보다는 꾸준히 드 러내고 알려내야 하는 작업이 필요할 것이고 성에 대한 올바른 의식 과 사회적 소통이 함께 이루어져야 한다. 노동의 가치가 없는 장애 인들을 역사가 무력하고 무성적인 존재로 취급한 결과 성적 차별과 억압이 생겨났기에 이런 구조적 모순을 깨는데 사회가 함께 해야 한 다. 또한 사회를 동참시키는 일, 그건 우리들이 풀어야 할 과제이다. 바로 이선희 씨와 같이 작지만 커다란 목소리와 시도들이 이 사회를 변화시켜 나가는 첫걸음인 셈이다.

엄마가 되고 싶다던 선희씨. 사랑하는 사람을 만나 결혼하고 싶다 던 선희씨. 차별 없는 세상에서 내내 평안하시기를 바랍니다.

비장애인 우월주의

장애인들을 대상으로 상담을 진행하다보면 많은 사람이 '비장애인 우월주의'에 빠져 있다는 사실을 종종 확인하곤 한다. 아래 두 가지 사례를 보면 알 수 있다.

> 사례 1. 저는 비장애 남성입니다. 얼마 전에 모임에서 처음 보는 장애 여성에게 사귀자고 대시를 했습니다. 전 당연히 그 여성이 찬성할 줄 알았는데, 반응은 제가 예상한 것과는 반대였습니다. 장애 여성들은 저 같은 비장애 남성과 사귀고 싶어 하지 않나요?

위의 질문을 한 남성은 심하게 말해 비장애인들에 대한 우월의식을 가지고 있다고 볼 수 있다. 장애 여성들이 비장애 남성과 연애를 하면 무조건 행복할 거라는 인식은 너무나 위험한 발상이다. 남성이 어떤 사고방식을 가지고 있고, 어떤 취향을 가지고 있는 알기도 전에 단지 비장애 남성이란 이유만으로 장애 여성이 감격해서 고맙다고 말할 줄 알았다면 일찌감치 꿈 깨시는 것이 좋다. 장애 여성도 당연히 하나의 인격체이다. 비장애인이 자신에게 대시를 해 준 것에 대해 무조건 감격하고 감사할 수는 없는 일. 인간과 인간의 커뮤니티는 서로가 지향하는 생각들과 취향, 식성 등 여러 가지가 조화로

울 때 잘 이루어질 수 있다. 누누이 이야기하지만, 신체적인 장애는 커뮤니티가 이루어지는 데 아무런 영향을 끼치지 않는다.

상대방에게 호감을 갖고 있다면 그 사람과 거리를 점점 좁힐 수 있는 기회를 가지는 것이 중요하다. 상대방이 생각하는 것이 무엇인지 시간을 가지고 알아 가는 것이 중요하다. 장애와 비장애를 벗어난 인간 대 인간으로 동등하게 형성되는 인간 관계. 그 속에서 진정한 사랑이 싹틀 수 있기 때문이다.

이번에는 위와는 조금 다른 사례를 한 가지 더 소개하겠다.

사례 2. 한 여성을 사랑하게 됐습니다. 장애를 가지고 있는 그녀지만 순수한 모습이 제 마음 속에 각인이 되어 며칠 동안 고민한 끝에 고백을 하기로 마음먹었죠. 전 단지 사귐의 과정에서 사랑을 꽃피우고 싶었습니다. 결혼이나 먼 미래를 생각한 것은 아니었습니다.

그런데 그녀는 제가 생각한 것과는 다른 생각을 했나봅니다. 제가 고백을 하고 긍정적인 답변을 얻은 지 얼마 되지 않아 그녀의 부모님께서 저를 만나고 싶다고 하셨다더군요. 전 아직 그녀를 알아가는 단계인데, 너무 앞서 나가는 그녀가 부담스럽습니다. 제가 아직 준비가 되지 않았다고 말한다면 분명 그녀는 상처를 받을 것 같은데, 어떻게 해야 할지 몹시 혼란스럽습니다. 어떻게 하면 좋을까요?

몇몇 장애 여성들은 한 남성이 마음을 열고 다가오면 그 사람이 운명의 상대인 양 모든 걸 의지하려 한다. 보호의 대상이 부모에서 남편으로 옮겨지게 되는 것, 즉 보호자의 자리 이동인 셈이다. 정작 당사자는 책임보다는 안식만을 추구하는 모습으로 보인다. 참으로 위험한 발상이 아닐 수 없다. 연애나 결혼은 동등한 입장에서 상대방의 의견을 존중하는 가운데서 가장 이상적으로 형성되는 것이다. 그럼에도 불구하고 보호자의 대상으로만 인정하려 할 뿐, 상대방의 기본적인 인격조차도 알아보지 않고 앞서가는 장애여성들이 종종 있다.

이런 상황에 닥치게 된 남성들은 당황한 나머지 관계를 원점으로 놀리고 싶어 하는 경우가 많다. 그 과정에서 장애 여성들이 혼인 빙자 간음죄, 성폭행 등의 항목으로 남성을 고소하는 경우도 종종 생겨 우리의 이맛살을 찌푸리게 만든다. 이것 역시 장애 여성이 이성을 만나는 것에 대한 잘못된 편견을 가지고 있기 때문에 벌어지는 일이다.

누구에게 본인을 책임지게 한다는 것은 정말 심사숙고해야 할 문제이다. 상대 남성이 나를 좋아해 준다는 이유만으로 상대방을 구속하고 얽매려 한다면 서로에게 상처를 줄 수 있다. 모든 것은 흐름과 정도가 있는 법이다. 연애와 결혼, 인생이란 긴 여정 중에 나와 같은 보도로 걸어가다가 중간에 추월을 할 수도 있고 함께 목적지를 향해 끝까지 갈 수도 있다. 중요한 것은 걸어가는 과정에 느낄 수 있는 희노애락이다. 그 자체만으로도 우리 존재의 의미와 기쁨을 느낄 수 있지 않을까.

'조제, 호랑이 그리고 물고기들'이라는 영화, 잔잔한 파문을 일으킨 영화로 마니아들 사이에 알려져 있다. 소설을 원작으로 한 일본 영화인데, 장애 여성과 비장애 남성의 연애를 다룬 내용이다.

여주인공인 조제는 손은 자유롭게 쓰지만 다리가 불편한 장애인이고, 남자 주인공 츠네오는 평범한 대학생이다. 조제는 어릴 때부터 자신을 '고장난 물건'으로 취급하는 할머니에 의해 집안에 숨겨져서 살아 왔고, 밤에만 유모차에 조심스럽게 태워져 바깥을 구경할 수 있었다. 그러던 어느 날, 체니오가 우연히 조제를 만나 사랑에 빠졌다가, 1년간의 동거 후에 이별을 한다는, 어찌 보면 간단한 내용이다.

원작 소설의 결말은 영화와 다르다. 두 사람의 결혼하고 나서의 생활을 보여 준다. 하지만 영화에서는 남자주인공이 결국 비장애인 여성을 택하는 장면을 보여 준다. 사실 남자가 떠난 이유는(개인적인 추측이지만), "휠체어 따윈 필요 없어, 자기가 업어 주면 되잖아." 라는 말로 표현되는 조제의 의존성에 대한 부담감이라고 생각한다. 츠네오가 떠난 뒤에 조제는 전동휠체어를 마련하고 혼자 요리를 해 먹으며 독립적인 생활을 시작한다. 감독은 결말을 이렇게 바꾼 것에 대해 '한 소녀가 사랑으로 인해 성장하는 과정'을 그리고 싶었기 때문이라고 했다.

이 영화가 개봉했을 때 사람들은 결말에 대해 '매우 현실적이다.' 라며 칭찬을 아끼지 않았다. 물론 장애인과 비장애인의 결혼이 현실적으로 어려운 건 사실이다. 하지만 나는 사람들의 칭찬과 좀 반대의 생각을 가지고 있다. 이 영화의 결말이 현실적이라고 받아들여진다면, 사람들은 앞으로 어떤 인식을 가지게 될까? '장애인과의 결혼은 현실적으로 안 되는 일이야. 그게 당연해. 역시 비장애인은 비장애인을 택하게 되어 있어.' 라는 결론에 방점을 찍을 것이 아닌가.

개인적으로 사랑으로 성장하는 과정이 꼭 혼자 남겨지는 장애인의 이미지로 표현되어야 하는지 아쉬웠다. 언제쯤이면 장애인과 비장애인이 대화를 통해 차이를 좁혀 가며 자연스럽게 사랑하는 모습이 '매우 현실적'인 모습이 될까.

비장애인 남성이나 여성에게 막연히 기대어 살아야 한다는 생각을 가지고 있는 분들, 장애인이라면 당연히 비장애인의 요구를 들어줄 것이라고 생각하는 분들, 이제 그 비장애인 우월주의를 던져 버리시길 간질히 바란다. 우리는 함께 살아갈 뿐이다.

장애인은 천사가 아니에요

나는 전형적인 〈알프스 소녀 하이디〉에 나오는 클라라였다. 멋진 드레스를 입고 휠체어에 우아하게 앉아 긴 머리에 창백한 얼굴로 예쁘게 웃는 클라라. 누가 뭐라고 한 마디만 해도 눈물을 뚝뚝 흘릴 것처럼 여려 보이는 소녀. 절대 반항하거나 거역할 줄 모르는 순종적인 클라라의 모습은 또한 가장 전형적인 장애 여성의 이미지이기도 하다. 스무 살이 넘어서까지도 사람들은 장애 여성에게 그런 모습을 원하고 있다.

매스컴에서는 몸이 불편한 장애인들은 착한 여성으로만 그린다. 우리는 아무 의심없이 그 이미지를 그대로 받아들인다. 장애인 본인이면서도 말이다. 그런데 매스컴에서 보여주는 그 이상적인 이미지가 반대로 우리를 얼마나 얽매고 있는지 알아야 한다.

그런 시선 자체가 장애인을 억압하는 폭력이 될 수 있다. 물리적인 폭력만이 폭력이 아니다. 정신적으로 억압하여 그들을 고민하게 만들고, 그들의 행동을 제한하는 것이 물리적인 폭력보다 더한 폭력이다. 매스컴은 일반 사람들의 생각을 움직일 수 있다. 매스컴에서 장애인에 대한 고정관념을 심어주는 것보다 위험한 것은 없다. 그들은 어느 한 고정관념으로 정의될 수 없는 평범하고 다양한 생각을 갖고 있으니까.

그럼, 이번에는 연애도 하고 싶고 사랑도 나누고 싶은 장애인을 우리 사회가 어떤 시각에서 바라보고 있는지에 대해 함께 생각해보기로 하자.

우리 사회를 관통하는 보편적 정서를 한마디로 정의한다면 성에 대해 보수적이거나 지극히 이중적인 태도를 취하고 있다는 점이다. 일단, 많은 사람들은 섹스를 욕망과 동일하게 생각하는 경향이 있다. 그렇다. 어쩌면 사랑하고, 사랑받고, 존중받고, 즐거운 섹스를 하는 것이 모두 욕망을 충족시키기 위한 행위일 것이다. 그럼에도 욕망이라는 단어에 담긴 부정적인 뉘앙스를 지울 수 없는 것은 우리가 살고 있는 사회가 본능이나 욕구는 동물적인 것으로 치부하면서 이성이나 합리적인 가치만을 동물과 구별된 인간적 가치로 여기기 때문이다.

정상적인 사람이라면 어떤 종류든지 기본적인 욕망은 갖고 산다. 우리가 갖고 있는 욕망은 다양하면서 동시에 무한하다. 프로이트와 같은 정신분석학자들은 의식이라는 연꽃이 무의식이라는 연못에서 피어나듯 이성은 원초적 에너지라 할 수 있는 욕망을 조절하려는 의지에서 생겼다고 주장하고 있다.

우리가 살고 있는 자본주의 사회에서 욕망을 해결하기 위해서는 돈이 필요하다. '인륜지대사'라 부르는 결혼조차도 자본의 결합이라는 양상을 띄고 있다. 그런 의미에서 경제적 약자라 할 수 있는 장애인과 소외계층은 욕망을 충족할 수 있는 기본적인 조건조차도 가지고 있지 못한 셈이다.

우리 사회는 경쟁이라는 틀을 만들어 놓고 사회적 소수이자 상대

적 약자라 할 수 있는 우리를 '장애인' 으로 규정해 놓고 욕망을 충족
시킬 수 없는 존재로 만든다. 불평등한 사회라는 치부와 부조리를
감추기 위해 사회는 자꾸만 장애인을 거룩한 천사로 포장시킨다.

장애인을 욕망을 거세시킨 존재로 만들어 놓고서 하는 소리가 장
애인은 비장애인보다 선하고, 아름답고, 아무것도 모르는 순박한 사
람들이라고 한다. 욕망이 난무하는 더럽고 추한 사회에서 욕망하지
않은 장애인이야 말로 천사처럼 순수한 존재라고 가르치기도 한다.
그리고 우리 모두는 이러한 장애인들은 돕고 보호해야 한다고 가르
치고 있다. 멀쩡하게 욕망을 가진 장애인을 천사표 인간으로 만들어
놓고 그들의 귀한 시간을 기꺼이 자원봉사와 자선행위에 할애하도
록 하고 있다. 그리고 천사를 위해 봉사한 그들의 자녀에게 상을 주
기도 한다.

인간은 누구나 천사와 악마의 모습을 모두 가지고 있다. 이러한 인
간의 양면성이야 말로 진정한 인간의 모습이라 할 수 있다. 그러나
사회는 '장애인=천사' 이지 양면성을 가진 사람으로 보지 않는다. 장
애인은 친한 친구처럼 넘어뜨리고, 비웃어도 안 되며, 농담조차도
해서는 안 되는 신주단지처럼 대하는 것이다.

기억해 주길 바란다. 장애인은 천사가 아니다. 인간일 뿐이다.

사이버러브

그래도 다행인 것은 점차 장애인들에게 의.식.주 이외에 성에 대한 욕구가 존재한다는 것을 인정하고 있고, 이런 욕구를 충족하는 것이 행복권의 일부라는 인식이 퍼지고 있다는 사실이나. 성을 향유할 권리가 사치가 아니라 삶의 당연한 한 부분이라는 점을 많은 사람들이 깨달아가고 있다.

그렇다면 장애인들은 욕구를 어떤 방법으로 해소할 수 있을까?

지금까지 성적욕구가 한창 왕성한 10~20대, 특히 남성(남자가 더 성욕을 못 참는다는 잘못된 통념으로) 장애인들의 성욕해소 최선의 방법은 포르노 시청이나 성매매업소를 찾는 것이었다. 그러나 이 방법들 모두 일시적이고 물리적일 뿐 감성의 교류가 없기 때문에 허무하고 허탈하다고 한다. 사람은 동물과 다르기에 직접적인 성관계 외에 사랑을 주고받고 존중 받아서 자신의 존재를 확인하려 하는 감성적인 면이 절대적으로 필요한 것이다.

현재 장애인의 성적 욕구 해소 방법을 고민할 때 가장 많이 나오는 대안이 '섹스 자원봉사' 이다. 그러나 섹스 자원봉사를 일부 시행하고 있는 외국에서도 성 가치관의 혼란, 수요와 공급, 그들의 신분보장, 급여, 서로의 감정 조절, 또 다른 성매매 야기 등 많은 문제를 안은 채 표류 중이다. 또한 잘못하면 장애인들을 성적으로도 시혜의 대상으로 만들 수도 있다.

그렇다면 밖에 나올 수도 없고 이성을 접할 기회도 적은 장애인들이 성욕을 해결하려면 어떤 조건, 요소들이 필요할까.

사회인식이 변하고, 편의시설이 늘어나고, 활동보조가 제도화 되고, 취업의 기회가 많아지는 등 사회 전반에 걸친 모든 조건들이 함께 수반되어야 하겠지만 당장에 목마른 장애인들한테는 너무 멀게 느껴진다.

이에 요즘 새로운 대안으로 떠오른 것이 사이버러브(cyber love(sex))이다. 즉, 가상공간에서 사랑 나누기. 4차원 시뮬레이션을 통해 실제처럼 감촉을 느끼고 교감 하는 프로그램을 만들자는 이야기다. 물론 사람과 비교하면 어림없고 전혀 움직일 수 없는 사람에게는 이도 소용없겠지만, 사회적으로 볼 때 썩 괜찮은 대안이 아닐까 한다. 사랑하는 사람을 만나서 자연스럽게 교제하고 사랑을 나누는 평범한 일이 실현되기 위해서는 변해야 할 것이 너무 많기 때문이다.

몸에 의한 소외

사랑을 할 수 있는 몸이 따로 있을까? 최근 몸짱, 얼짱 열풍이 불면서 너나 할 것 없이 몸매 가꾸기에 정신이 없다. 몸매나 얼굴이 예쁘지 않으면 이성의 관심을 받을 수 없다는 듯이 말이다. 실제로 사회에서 임의로 정해진 미의 기준에 도달하지 못하는 사람들은 소외당하기 일쑤다. 게다가 그 파장은 어린 아이들한테까지 가는 것이 최근 추세이다. 소년한국일보의 한 기사를 보면서 혀를 내두를 수밖에 없다. '남친을 사로잡는……', '……러브 비결', '감각 코디 짱' 등 어른 흉내에 '얼짱' 열풍 부추기는 책들이 홍수를 이루고 있다. 이런 책을 열어보면 예뻐지는 목욕법, 경락, 액세서리로 2cm 커 보이는 코디 등 대학생이나 관심을 가질 내용들로 가득 채워져 있다. 90% 이상이 온통 외모 가꾸기에 관한 내용들로 어린아이들까지 미의 기준이 획일화되는 것을 쉽게 발견할 수 있다.

이런 상황에서 장애인들은 더욱더 설 자리가 없어져 보인다. 몸이나 정신적인 측면에서 장애인은 사랑을 하기 힘들다는 개념이 사회 곳곳에 스며들어 있는데, 과연 그럴까? 성적 매력이 겉으로 드러나지 않는다고 해서 장애인들이 성의 소외 대상이 되어야 할까?

얼짱, 몸짱이 아니거나 장애인인 경우, 어김없이 성적으로 소외받는 이 사회. 우리는 지금까지의 사고방식을 바꿀 필요가 있다. 성에 대한 기준은 과연 누가 정한 것이고, 그 기준이 어떻게 형성되었는가. 과연 진정한 미의 기준이란 무엇인가.

　실제 어느 장애인이 자신의 처지와 연애에 대해 솔직한 글을 소개하려고 한다. 우리나라에서 200명 정도에게 나타난 희귀질병인 골형성부전증을 앓고 있는 스무 살 청년이 주인공이다. 그는 학교를 늦게 가는 바람에 지금 고3을 보내고 있다. 그가 그 힘든 고3 생활을 그나마 무난히 견딜 수 있는 이유 중 하나는 남들처럼 멋진 연애가 하고 싶어서라고 한다. 하지만 그는 점점 자신이 없어진다. 현실은 그에게 성공한 사람이 될 수 있는 가능성은 열어 주었어도 일반인과의 연애는 거의 불가능하다는 사실을 깨우쳐주고 있다고 했다. 현실뿐만 아니라 그 자신도 상대방에 대한 피해의식으로 인해 연애를 할 때 어려움이 있을 것 같다고 생각하고 있고, 데이트를 하기 위한 시설들도 그에게는 그저 그림의 떡일 뿐이다. 외관상으로 일단 평범하지 않아 사람들이 거리감을 갖는다는 것이다.

　이런 생각들로 그는, 아니 그를 포함한 여러 장애인들은 비관하고 있고, 미래의 이성과의 만남에 대해 두려움과 자격지심만을 갖고 있는 것이 아닌가 싶다. 장애인들의 성에 관한 고민들은 아무리 사회적으로 보조해 주고 도와준다고 해도 해결될 수 없는 부분들이 있다. 그들에게 진정으로 필요한 것이 과연 계단을 올라갈 수 있도록 해주는 리프트일까? 장애인전용 화장실일까? 아니다. 그것들은 그들의 물리적인 육체적인 생활에 편리함만을 줄 뿐이다. 그들을 정말로 위한다면 사람들의 장애인에 대한 의식을 바꿔주는 것이 필요하다.

장애인들이 성생활을 해도, 연애를 해도, 설사 성생활 용품을 구입하더라도 자연스럽게 여기는 그런 사회적 구조가 그들에게 정말 필요한 것이 아닐까?

정상적인 몸을 가지지 못한 사람은 이 사회에서 차단시켜야 하고 장애 있는 몸으로 생존하기가 어렵다는 것을 증명하는 실례는 너무나 많다. 산모들이 신생아를 안고 제일 먼저 하는 것이 손가락 발가락을 살펴보는 이유도 바로 그 때문이다. 내 아이만은 완전한 몸을 가져야 한다는 강박관념이 있기 때문이다. 완전한 몸을 가져야만 이 사회의 한 일원으로서 가치를 부여받게 된다.

건장한 몸이 가지는 이미지는 정신도 의식도 건강하고, 이상적이라는 환상을 가지게 한다. 이러한 의식들은 그렇지 못한 사람들, 특히 장애인들에게는 도태될 수밖에 없는 환경을 만드는 것이다. 이러한 사회적 구조는 장애인의 인권을 침해해왔다. 그러나 살펴보면 몸이 똑같은 사람은 하나도 없다. 그러함에도 정상적인 몸이라는 기준이 존재하고 있는 것이다. 그 기준은 철저하게 장애가 없는 몸이고, 힘이 있는 남성의 몸이다. 이 사회에서 '다양한 몸으로 여러 삶을 살아가기' 란 하나의 이상적인 말에 지나지 않는다.

장애를 가진 사람 역시 인간으로서 가장 기본적이고 원초적인 성적 욕망이 있다. 이 욕망을 실현하고자 하는 순수한 마음이 있다는 걸 이해해야 힌다. 이것을 부정해서는 안 된다는 것이 요점이다. 개인마다 구체적인 내용이 다를 뿐이지, 사회적 인간으로 살아가고 있다면 돕고 돕는 관계 안에서 살고 있는 것이다. 장애인들은 장애 유형과 정도에 따라서 그 도움의 정도와 내용이 다른 것일 뿐이다. 직접적으로 두 발 혹은 두 팔로 움직이지 못한다고 해서 삶을 향유할 자격이 없는 건 아니다.

외모는 '작은 차별'의 영역을 뛰어넘은 지 오래다. 외모는 연애·결혼 등 사생활 영역뿐 아니라 취업·승진 등 사회생활 전반을 좌우하는 '숨은 손'이 됐다. 나이가 많아도 외모가 중요하다. 부산의 한 대형 할인매장에서 일하던 최아무개(53)씨는 지난해 가을 "키가 작고 뚱뚱해 눈에 거슬리니 그만두라."는 통보를 받았다. 부산여성노동자회 평등의 전화 최경숙 상담원은 "이제 비정규직 중년 여성에게도 반듯한 외모를 요구하는 세상이 됐다."고 혀를 찼다. 일상에서도 외모차별의 설움은 계속된다. 일부 결혼정보업체는 키에서 100을 뺀 이상의 몸무게를 가진 여성을 회원으로 받지 않는다.

이처럼 외모나 체중은 또 스스로 통제가능한 분야로 간주되면서, '평균 기준'을 벗어난 사람은 종종 의지가 약하고, 게으르며, 자기관리를 못하는 사람으로 지목되는 '이중의 고통'을 겪는다. 코미디언 이영자씨가 날씬한 몸매로 처음 나타났을 때, 언론매체는 이영자씨를 '인간승리'로 떠받들었던 것에서도 잘 알 수 있다.

60년대 말 서구에서 외모차별은 뚱뚱한 여성, 키 작은 남자 등 피해 집단의 차별철폐 요구를 통해 깨져나갔다. 그러나 한국사회에선 성별과 세대를 통털어 외모차별로 고통 받는 이들이 늘어가면서도 외모차별 풍조를 반성하는 움직임은 거의 없는 상태다. 국가인권위법 30조2항에는 외모차별도 조사대상으로 규정돼 있지만, 지금껏 인권위에 외모차별 진정은 단 한 건도 접수되지 않았다. 한 인권운동가는 "외모차별은 최후의 인권 식민지"라고 규정했다.

이처럼 외모에 대한 관심이 높아진 것은 사회 각 분야에서 외모로 인한 차별이 속속들이 일어나고 있기 때문이다. 물론 외모로 인한 차이는 암묵적으로 인해 이루어지고 당한 이들 스스로도 '못생긴 게 죄지.'란 생각으로 있기 때문에 더욱더 개선되지 못하고 있는 것이다. 차별 받는 것에 저항하지는 않고 오히려 성형으로 차별에서 벗어나려 하는 사고방식 또한 외모차별에 한몫을 한 것이 아닌가 싶다.

외모의 차별은 어떻게 생각하면 작은 차별이다. 하지만 그로 인한 아픔은 아주 커다랗게 다가온다. 외모 차별에 대해 반대하는 말은 어디선가 한다면, 그리고 만약 그 말을 하는 사람이 여자라면 혹자들은 다른 자리에서 이렇게 말할 것이다.

"못생겼으니까 그런 말 하는 거지. 예뻐 봐. 그런 말을 하나."

이것이 우리 사회의 본모습이다. 그리고 현재로서는 크게 개선될 기미가 보이지 않는 것도 사실이다.

오아시스, 비장애인을 향한 동경

초등학교 시절, 쉬는 시간이 되면 친구들은 대부분 너는 엄마, 나는 아빠, 너는 아기…… 등등의 역할을 정하고 소꿉놀이를 하며 놀았다. 그런데 재미있는 것은 이 역할놀이 속에 등장하는 가족의 모습은 하나같이 모두 비장애인의 모습이라는 사실이다. 자신들은 장애인이지만, 역할놀이 안에서 그들은 아무런 장애가 없는 비장애인이었다. 그들은 역할놀이 안에서 사랑도 하고, 아이도 보살피고, 즐거운 나들이도 했다. 나도 처음에는 그들과 함께 어울려 역할놀이를 즐기곤 했다. 하지만 점차 시간이 지나면서, 그것은 우리가 우리 스스로를 부정하는 놀이에 불과하다는 사실을 깨달았다. 그리고 성인이 되어 한 영화를 통해 그 실체를 좀 더 정확하게 볼 수 있었다.

영화 〈오아시스〉. 〈오아시스〉는 대중영화 중 처음으로 중증 뇌성마비 여성 장애인을 주인공으로 한 영화이다. 일부 단체에서 지적하듯, 〈오아시스〉가 '장애인의 성'에 대한 시각을 적절하지 못하게 표현하고 있는 점은 동의한다. 이유나 동기가 어떻게 되었든지 간에 장애인을 대상으로 한 성폭행이 미화되었다는 점이 바로 지적을 받는 부분이다. 남자 주인공은 여자 주인공의 집에 들어가기 위해 미리 집의 열쇠가 어디에 있는지 위치를 파악해 둔다. 엄밀히 말하면 남자 주인공 종두의 이런 행동은 성폭행의 계획으로 볼 수 있다.

하지만 이런 점을 뒤로 잠깐 미뤄둔다면 나는 〈오아시스〉라는 영화에 조금은 후한 점수를 줄 수 있다. 주인공으로 장애인 여자가 등장했다는 것만으로도 굉장히 진보한 것이라고 볼 수 있기 때문이다. 게다가 놀랍게도 영화는 비장애인과 장애인의 '사랑'에 접근하고 있다. 주인공 종두와 공주는 서로 사랑한다. '사랑한다.'는 그 흔한 말을 한 번도 하지는 않지만, 두 사람은 서로 사랑한다. 빨래를 해 주고, 하늘을 보여주고, 등에 공주를 업고 한 손에는 휠체어를 들고 전철을 놓치지 않기 위해 뛰어간다. 맛있는 음식을 사주고 싶어 하고, 가족들의 모임에도 종두는 기꺼이 공주를 데리고 간다.

다만, 이 영화의 제목이 나타내듯 이들의 사랑과 행복이 상상 속의 장면에서 완결되는 것이 문제였다. 이 영화가 최고 정점에 이르면서 사지를 움직이지 못하던 공주가 갑자기 비장애인의 모습으로 변한다. 상상의 세계 속에서 완전한 모습으로 서로 춤추고 노래하는 종두와 공주. '장애'는 사랑을 하는 데 있어 전혀 걸림돌이 되는 것이 아니라는 것을 보여주기 위한 장치로 볼 수도 있지만, 나는 그 장면이 장애인과 비장애인, 모두의 공통된 '오아시스'라는 것을 알 수 있었다.

나는 그 장면을 보면서, 내가 어릴 적 느꼈던 친구들의 '역할놀이'를 떠올렸다. 친구들 역시 그런 장면을 상상하며 놀이를 했을 것이다. 내가 언젠가는 나도 모르게 비장애인으로 변해 있을 거란 희망, 또는 비장애인으로서 살아가는 일상에 대한 동경.

그것을 어떻게 탓할 수 있겠는가. 나 역시 중증 뇌성마비 장애인인 것을. 나의 욕구도 물론 그들과 다르지 않다. 하지만 앞서 이야기했

듯, 그런 희망과 환상은 우리에게 아무 것도 주지 않는다. 그것은 결국 우리 스스로를 갉아먹는 고통으로 자리할 뿐이다. 우리는 그보다 공주를 바라보는 종두의 시선에 조금 더 관심을 가져야 한다. 끊임없이 비틀리고 꼬이는 공주의 얼굴과 몸을 보면서 종두는 어쩌면 강한 동질감을 느꼈을지도 모른다. 공주가 장애 때문에 가족과 사회로부터 소외를 받았듯, 종두 역시 사회의 기준에 부합하는 인간이 아니라는 이유로 사람들의 멸시를 받고 있었으니까 말이다.

잠깐 영화에 대한 딴이야기를 하자면, 장애인을 가족으로 둔 비장애인 가족의 모습에 대해서도 주목할 필요가 있다. 영화에서는 어느 정도 공감할 수 있는 수준의 현실적 상황을 잘 보여주고 있었다. 공주의 오빠와 올케, 이들이 바로 이 영화에서 인간의 이중성을 가장 적나라하게 보여주는 인물들이다.

공주의 오빠는 동생을 이용하여 장애자용 아파트를 분양받는다. 그리고는 실사를 나온 공무원들에게 잠깐 동생을 데리고 와 보여주고 다시 헌 아파트에 데려다 놓는다. 또 동생이 당한 일을 미끼로 점잖게 종두의 형에게 합의금조로 2,000만원을 요구하는데, 이를 거절당하자 불쌍한 아이한테 어떻게 그런 짓을 할 수 있냐고 화를 내며 자신의 파렴치함을 덮으려 한다.

그는 동생을 이용하여 챙길 건 챙기면서도 얼마 정도의 책임감은 갖고 있다. 공주가 사는 옆집의 아줌마에게 공주를 돌봐줄 것을 부탁하고 한 달에 얼마간의 돈을 쥐어주는 걸 보면 그렇다. 하지만 그 옆집의 부부가 어떤 사람들인가. 그들에게 공주는 인간도, 동물도 아니다. 그들을 공주의 집에서, 공주의 앞에서 성관계를 할 만큼 공주의 존재를 인정하지 않는 사람들이다.

그러나 우스운 건, 공주와 종두가 한 침대에 누워 있는 모습을 발견한 올케의 모습이다. 올케는 울며불며 자신의 아가씨 처지를 비관한다. 그러나 그것은 결국 추악한 이기심에 불과했다. 공주를 위해 단 하룻밤을 같이 보내줄 뿐, 다시 헌 아파트에 그녀를 남겨두고 돌아서는 올케. 올케는 자신의 시누이가 그런 '짓' 을 한다는 사실이 참을 수 없이 '불편' 했을 뿐이다.

사는 방식과 속도가 다르다고, 생긴 모습과 생각이 다르다고 해서 다른 사람의 인생을 맘대로 좌지우지 할 수 있는가. 그것이 장애인이라서 가능한 것인가. 나의 몸이 뒤틀리고 꼬여 있을지는 모르지만, 그것은 육체에 불과하다. 이 사회에 정신과 마음이 뒤틀리고 꼬여 있는 사람이 얼마나 많은가. 그런 '차이' 를 가지고 이런저런 잣대로 사람을 평가하려는 사람들은 크게 반성해야 한다고 난 생각한다.

사랑, 영원불멸의 프로젝트

아직 많지 않은 나이이지만, 수많은 인생의 굴곡을 넘어서야 했던 내 자신에게 약속을 하나 했다. 내가 세상에 살아 있는 한, 장애와 비장애가 차별을 받지 않는 세상을 만들기 위해 내 한 몸을 다 바치겠다는 것이다. 세상은 우리 모두 함께 걸어가게 되어 있다. 어느 누가 뒤떨어진다면, 그것은 결국 우리 모두의 책임이 된다.

그렇다면 우리 모두 함께 갈 수 있는 힘은 어디서 나오는가? 차별이 없는 세상을 만들 수 있는 구심점은 무엇인가? 바로 '사랑'이다. 우리를 하나로 묶어줄 수 있는 유일한 의미이자 가치가 바로 사랑이다.

그렇기에 나는 장애인의 성과 사랑에 대해 고민하고 있다. 인간이 가지는 가장 보편적 고민 중의 하나가 성(性)이며 또한 가장 행복한 권리 중 하나가 성(性)을 향유할 수 있는 권리이다. 그래서 인류 역사에 성에 관한 다양하고도 수많은 이야기들이 존재하고 지금도 언론, 방송, 영화 등 문화와 예술 활동을 통해 끊임없이 재생산되고 있다. 그러나 우리시대 그 다양한 성 담론 중 빠져 있는 이야기가 있다. 예전에 자유롭지 못했던 동성연애, 노인, 심지어 스와핑에 관한 성 이야기도 여러 각도로 공론화가 이루어지고 있는 마당에 여전히 드러내지 못하고 있는 성이 있다. 바로 장애인의 성이다. 인류가 시작되면서 장애인도 함께 존재해왔음에도 말이다. 그것은 곧 장애인은 무성적인 존재로 여겨져 왔다는 의미가 아닐까?

비장애인이 가질 수 있는 흔한 편견 중 하나는 장애인은 성욕도 없고 성관계를 가질 수도 없을 것이라는 생각이다. 이러한 편견은 장애인 가족, 심지어는 장애인 당사자에게도 발견할 수 있다. 이것은 장애인이 식욕도 없고, 밥도 먹지 않을 것이라고 생각하는 것과 별반 다르지 않다. 인간으로 살아가면서 어찌 성적인 욕구가 없으며, 사랑하는 사람과 성(性)을 향유하고픈 마음이 없을 수 있겠는가.

이제, 기본적으로 성적 욕구와 성생활에 있어서 비장애인과 전혀 다르지 않음에도 불구하고 제3의 성으로 치부되어 부정당하고 무시되어온 장애인의 성, 장애인도 분명한 성적인 존재임을 우리 모두가 알게 되길 바란다. 이를 통해 장애인은 그동안 무시되고 억눌려왔던, 또는 스스로가 숨기고 억압하여 왔던 자신의 성에 대해서 이 사회와 솔직하게 소통하길 바란다. 더불어 자신이 성을 누릴 권리가 있음을 분명히 인식하여 떳떳하고 당당하게 자신의 성을 향유할 수 있길 바란다.

비장애인은 장애인이 결코 무성적 존재이거나 자신들과는 뭔가 다른 특별한 존재로 바라보지 않기를 바란다. 똑같은 욕구와 감정을 가진 인간으로서 그들의 성적 존재성과 자아정체성을 인정하고 이 사회에서 함께 살아갈 사회구성원으로 인식하여 그간 자신도 모르게 행해 온 오해와 편견에 의한 차별을 반복하지 않기를 진심으로 바란다.

장애인 성에 대한 착각들

장애인 성에 대한 이야기를 하며 과학적인 면들, 예를 들어 성기의 구조라든가 콘돔 사용법, 오르가즘에 이를 때 뇌에서 어떤 신경이 작용하는 것인지 등에 대해서는 이야기하지 않겠다. 왜냐하면, 과학적이고 생물적인 내용들은 우리들이 사랑을 나누고 성행위를 하는 것에 실질적인 도움이 되지 않으며, 성인이라면 이미 그 정도 지식은 다 알 거라고 믿기 때문이다.

또 실제 성을 향유함에 있어서 신체의 정확한 과학적 명칭을 몰라도 전혀 지장이 없다. 즉, 사람은 누구나 본능적으로 이성, 혹은 동성에게 관심을 갖게 되고 만지고 싶고, 사랑을 느끼고, 성 관계를 맺으면서 경험에 의해 터득할 수 있고 이 점이 더 자연스럽다. 물론, 피임법, 성 관계 후 위생, 에이즈 등에 대한 교육의 필요성과 중요성을 무시하는 것은 아니다. 성이란 너무 감성으로만 흘러가도 서로에게 평생 지우지 못할 상처로 남게 될 수도 있으니까. 그렇지만 예전과는 달리 근래에는 성에 대해 양성적으로 많이 개방되어 있어서 굳이 성에 대한 일반론은 제가 강의하지 않더라도 여러분이 조금만 노력을 하시면 이와 관련된 자료를 얼마든지 구해볼 수 있다.

지금은 성에 대한 자료와 정보들이 범람하고, 성을 쉽게 경험할 수 있는 시대이기 때문에 자칫 잘못하면 아무 개념 없는 성 의식을 가질 수 있다. 하지만 성에 대해 자유로운 것과 개념 없이 무지한 것은 현저히 달라서 성을 자신의 기준으로만 가볍게 생각해서는 안 된다.

단순하게 육체적 관계를 위해 만났다고 할지라도 사람의 무의식 속에는 그 시대의 성에 대한 인식과 문화가 함축되어 있어 만남과 관계 속에서 흔연히 묻어 나오게 된다. 또한 사람은 본능적인 성만으로 살아갈 수 없다. 보다 발전되고 다양한 성 문화를 형성하고 담론화하려는 지식적 욕구가 존재하며, 바른 성 문화를 쌓아가야 하는 책임도 동시에 가지고 있다. 그러므로 즐겁고도 유쾌한 성을 위한 성 문화의 기반을 만들어 놓았을 때 우리 모두 행복한 성생활을 할 수 있는 것이다.

이 부분에 있어서 장애인 역시 예외가 될 수 없다. 다행히 요즘에는 여러 장애 단체에서도 바른 성 문화 정착을 위한 움직임이 활발하게 일어나고 있으니 매우 바람직하다 할 수 있다.

그럼 지금부터 오늘 사회 전반에 퍼진 장애인 성에 대한 편견과 오해에 대한 이야기를 하겠다. 장애인의 성에 대해 비장애인과 장애인이 각각 어떻게 생각하는지, 또 어떤 오해를 하고 있는지에 대해 분석하고, 사회에서 우리가 동등하고 행복한 성을 누리기 위해 어떻게 해야 하는지 함께 생각해 보기로 하자.

이 중에서도 특히 이중차별의 고통을 겪고 있는 여성 장애인에 초점을 맞춰보도록 하겠다. 필자 역시 여성장애인이기 때문에 겪은 사례와 경험, 다양한 주변 사례를 예를 들어 이야기를 진행하고자 한다.

편견 1 _ 장애인은 섹시하지 못하다?

장애를 가진 사람들은 (중도 장애를 제외하고) 대체로 어릴 적(3세 이전)부터 가족과 주변 사람에 의해 무성, 혹은 중성의 존재로 인식되고 학습된다.

그 원인은 흔히 장애인의 신체 결함을 정신적, 정서적 장애와 동일시하여 생각하는 데에 있다. 신체적 장애가 있으면 일상적인 동작에서 많던 적던 비장애인의 도움을 받아야 하기 때문에 정신적으로나 정서적으로도 성장이 멈춘 것으로 생각하기 쉽다. 그렇기 때문에 성인임에도 불구하고 장애인을 보면 유아나 어린이처럼 대하는 사람들이 많다.

이런 상황이니 장애인에게 남성성이나 여성성이 있다고 생각하는 것 자체가 불가능해진다. 때문에 인간이라면 누구에게나 엄연히 존재하는 '성'이라는 정체성도 함께 무시되었고, 동등하게 함께 즐기는 '성'이 되기는커녕 지금까지 성적 폭력의 대상으로만 존재해왔다.

그러나 우리 모두 알다시피 장애인의 성 정체성이 결여되었다는 것은 근거 없는 오해이며 커다란 착각일 뿐이다. 과학적으로도 사람은 누구나 태어나서부터 성에 대한 호기심과 욕구를 갖고 있다고 관찰, 보고, 증명되고 있다. 성욕은 타고난 본능임에도 불구하고 장애인의 성을 오해하거나 무시한다면, 이것이 오히려 상식에서 벗어나는 괴변이라고 볼 수 있다.

어느 나라, 어느 사회에서든지 비장애 여성에게도 아름다움의 기준을 정하는 데 있어 차별이 존재한다. 그러니 중증여성장애인은 직업, 이성간의 관계형성에 있어서 여성, 장애인이라는 이유로, 아름다움의 기준에 더 많이 벗어난다는 이유로 이중적 차별을 겪으며 살고 있다. 바로 이 기준이라는 것부터 장애인들이 섹시하지 못하고 성과 무관하다는 편견을 갖게 한다.

그렇다면, 요즘 '아름답다' 라고 표현되는 미의 기준은 무엇일까.

몸짱, 얼짱이 대표적인 기준이라고 생각할 수 있다. 그렇다면, 과연 여성의 몇 퍼센트가 '아름답다' 는 기준에 맞는 걸까? 비장애인이라도 대부분의 여성이 얼짱, 몸짱의 기준에서 벗어나고, 그런 의미에선 그들도 장애인이라고 말할 수 있다. 정해진 아름다움의 기준에 딱 들어맞는 사람은 흔하지 않으니까.

너무 장애인의 범주를 넓히고 과격하게 논리를 비약한 것일까. 그러나 얼짱, 몸짱들의 대열에 끼지 못해 콤플렉스를 가지고 있는 많은 여성들을 떠올려 보라. 미인 대열에 합류하지 못한다는 소외감과 열등감은 장애인, 비장애인을 떠나 어느 누구에게나 존재하고 있는 항목이다.

요즘 유행하는 얼짱, 몸짱 이전에도 여성에 대한 미의 기준은 수없이 많이 존재했다. 백옥같이 하얀 피부, 초승달 같은 눈썹, 앵두처럼 수줍은 붉은 입술, 잘록한 허리, 터질 듯한 가슴…… 등 시대별로 성의 심벌은 늘 존재해 왔다. 이런 기준은 대부분 남성들의 취향과 시각을 기준으로 만든 것에 불과하다. 그럼에도 불구하고 많은 여성들이 쌍꺼풀도 만들고 코도 세우고, 지방 흡입 수술도 하며, 쭉쭉 빵빵한 몸매를 만들기 위해서 끼니도 굶어가며 다이어트도 한다. 정작 무서운 것은, 사회에서는 이처럼 예쁜 몸을 만들고자 애쓰는 여성들을 '노력한다.'라고 평가하는 것이며, 몸매 관리를 하지 않는 여성들은 게으르고 무능하고 무식한 것으로 치부한다는 사실이다.

그러나 지금의 얼짱, 몸짱의 기준이 결코 영원불변한 것은 아닙니다. 시대별로 아름다움의 기준은 바뀌어 왔다. 비너스의 허리가 34인치인데 그 시대에서는 아름다움의 대명사로 불렸다는 사실을 생각해 보라. 비정상적인 미의 기준조차 계속하여 변화하고 있다. 그러므로 장애가 있는 여성들이 비장애인의 '정상인 몸'을 갈망하고 도달해야 하는 기준으로 정해서 거기에 미치지 못한다고 해서 절망하지 않길 바란다. 어떻게 그럴 수 있을까.

필자 역시 21세기에, 이 지구상에서, 대한민국에서 지칭하는 중증 장애여성이다. 그러나 요즘 흔히 말하는 얼짱, 몸짱 축에 끼고자 노력하지 않는다. 물론 그 대열에 끼기에는 어림도 없지만 말이다. 그들과 비교하는 것도 우습고, 나름대로 장애도 개성임을 주장하며 살기 때문에 당당하게 살고 있다.

아름다움의 편견을 버리고 여성들에게서 개성과 성적 매력을 찾아보라.

한 가지 질문을 던져보겠습니다. 만약 당신이 길에서 쭉쭉 빵빵한 그녀나 울퉁불퉁 건장한 남자를 보았다고 가정합시다. 말 그대로 미의 기준에 충실한 그들로부터 눈을 돌리지 못한다고 해서 그것만으로 오르가즘을 느낄 수 있을까. 만족스러울까.

그런 섹시기준에 적용되는 예쁜 그녀(혹은 그)들이 섹스도 화끈하게 할 거라는 보장은 어떤 보험사 약관에도 보장, 명시되어 있지 않다. 외모가 아름답다고 해서 유쾌하고 즐거운 섹스를 나눌 수 있는 건 아니다. 인간의 성, 인간의 진정한 멋은 전부가 육체에 몰려 있지는 않기 때문이다. 조금만 깊이 생각해보면 알 수 있다. 어떤 이와 진정 행복한 사랑과 섹스를 나누고 싶다면 같이 자보고 겪어봐야 뼛속 깊이 알 수 있는 것이다. 즉, 미의 기준 따위와는 아무런 관계가 없다.

베르나르 베르베르의 소설 〈뇌〉에는 실험용 쥐의 뇌에 어떤 강력한 자극을 가해 폭발할 듯한 쾌락을 느끼게 해서 다른 웬만한 자극에는 반응하지 않도록 만들어 버린다는 내용이 나온다. 장애인들이 신체의 어느 부분을 사용해서 파트너를 오르가즘에 이르게 한다면, 환상의 늪에 빠뜨릴 능력만 갖추고 있다면 분명 그 사람의 파트너는 만족스러울 것이다.

여성장애인들과 섹스를 즐기거나 나눌 수 없다는 생각은 버리는 것이 좋습니다. 분명 몸짱의 기준으로는 어느 부분이 못 생겼을 것이나, 당신의 파트너로 최고가 될 수도 있다.

신은 인간에게 다양한 육체를 가지고 살아가도록 만들어 놓았다. 동시에 우리 몸속에 섹스의 다양한 희로애락도 불어넣었을 것이다. 그런 다양함 속에 '참맛'을 꿰뚫어 볼 수 있는 눈을 가지면 된다. 호들갑스럽게 몸짱, 얼짱만을 찾는 사람들이 이 깊은 맛을, 진실을 깨달을 수 없다.

편견 2 _ 장애인과 성적소수자에 대한 오해

성 문화를 형성함에 있어서 동성애자, 살찐 사람(날씬하지 못한)과 함께 장애인도 성적 소수자에 속하게 된다. 그 이유가 무엇일까?

대다수 사람들은 장애인의 삶이 일반인들의 삶과 완전히 다르다는 선입견을 갖고 생각하기 때문이다. 이런 이유로 수세기에 걸쳐 장애인은 정상인이라고 불리는 사람들에게 성적으로나 인격적으로 무시당하면서 살아왔다. 특히 나치 시대에 우열민족 사상의 영향과 그들이 지배하려는 목적으로 노약자와 동성애자, 장애인을 무차별 학살한 데서 유래된 사상이 지금도 널리 남아 있어, 장애인을 마치 전염병 환자처럼 취급하는 경우도 많이 찾아볼 수 있다.

흔히 성적소수자라고 부르는 동성애자와 장애인으로 범위를 좁혀 보겠다. 자신들의 욕망을 솔직하게 얘기하기 어려운 이 두 집단에도 차이는 존재한다. 외향적으로 보이느냐, 혹은 그렇지 않느냐의 문제이다. 다시 말해, 신체의 손상으로 차별을 받는 장애인과 달리 동성애자들은 자신들의 성향을 표현하지 않으면 별다른 이상이 없어 보인다는 것이다. 우리 장애인들이 감춰지지 않는 주홍글씨처럼 자신을 드러내야만 했던 점과는 다소 다른 점이라고 할 수 있다.

'너 자신을 알라'의 소크라테스, '호두까기 인형'의 차이코프스키, '햄릿'의 셰익스피어, 천재 시인 랭보, '목마와 숙녀'의 버지니아 울프, '좁은 문'의 앙드레 지드, 알렉산더 대왕, 나이팅게일, 입생 로랑, 그레타 가르보, 조디 포스터, 그리고 팝스타 조지 마이클까지……. 누구나 이름만 들어도 알 수 있는 이 사람들은 놀랍게도 '동성애자'이다. 최근에 커밍아웃을 한 배우 홍석천 씨의 사례를 보면 우리나라에서도 동성애자에 대해 의식이 진보되고 있다고 볼 수 있다.

그렇다면, 이들의 성이 정상적이지 못하다고 판단하는 근거는 어디에 있는 걸까.

장애인들과 동성애자들의 성생활을 '변태'라고 몰아붙이며 정상인이라 자부하는 사람들이 동성애자를 악마의 혼을 가진 사람으로 몰아 성 타락시대의 대표로 만드는 것은 장애인들을 동정과 시혜의 대상으로 삼아 성과 관련 없는 중성적인 사람들로 만드는 것과 같은 맥락이다. 그렇다면 정말 동성애자나 장애인들은 섹스할 때 변태처럼 이상한 행동을 하는 것일까? 대체 그 변태라는 것이 존재하기나 하는 것일까. 건강한 신체를 가지고 우아한 동작으로 하는 섹스만이 보편적이고 정상적일까. 아마 그렇다면 지금 당장 포르노 산업부터 밀어 없애야 할 것이다.

이 부분에 대해서 필자는 한마디로 그들에게 말할 수 있다.

사람들은 늘 색다르고 좀 더 파격적인 성을 갈망하며 그 욕구를 채우기 위해서 다양한 테크닉을 가진 파트너를 찾는다. 동성애자나 장애인들도 마찬가지이다.

장애인들이 서로 만족할 수 있는 성을 누리려면 비장애인보다 좀 더 파트너와 충분한 의견 교환이 이뤄져야 한다. 또 장애유형별로 성생활을 보조해 줄 섹스의 도구들이 개발된다면 성행위를 두려워하거나 가리고 숨길 이유도 없어질 것이다.

건강함과 다양함을 동시에 추구하는 성의 시대에 비장애인 이성애자들이 에이즈에 걸린 확률도 더 높다고 하니, 그들이 한목소리로 주장하는 〈정상인들이 더 정상〉이라는 답은 어디에도 없는 것이다.

편견 3 _ 장애인은 성에 대해 소극적이고, 수동적이다?

개인적으로 사진 찍히는 것을 별로 좋아하지 않는다. 특별하게 얼굴에 흉터가 있거나 해서가 아니라 사진에 비춰진 저의 모습이 남들과 다르게 보이기 때문이다.

어느 땐 얼굴이 일그러져 할머니처럼 나오기도 하고, 어느 땐 여자인지 남자인지조차 알 수 없는 중성처럼 나오기도 한다. 찍혀 나온 사진을 보고 있으면 평소에는 느끼지 못했던 장애까지 더 확실하게 드러나는 것 같아서 속상할 때가 많이 있다. 제가 생각 못한 그런 모습들은 내 자신에게도 역시 익숙하지는 않다.

이렇게 태어나서부터 장애가 있는 육체에 단련된 사람이라 해도 사진이나 동영상에 비춰진 자신의 모습에 자신이 없고 거부감이 있다.

그 이유가 무엇일까.

대중매체에서 어떤 동영상이 나오건 간에 신체에 손상이 없는 비장애인들만 보는 일이 익숙하다 보니 제 자신의 모습이라도 어색하고 당황스러운 것이 아닐까. 장애인의 모습을 일반 영상물에서 찾아보기 힘들고, 비장애인의 육체가 '정상적'이라고 자연스럽게 인식되어 왔기 때문이라는 생각을 해본다.

이런 맥락에서 보자면 성 문화를 이야기하면서 비장애인과 장애인을 구분하는 것부터가 잘못된 것이다. 하지만 현재는 장애인을 특수한 부류의 소수자들로 생각하는 사람이 대부분이기 때문에 모두 함께 좀 더 자유로운 성을 향유하기 위해 따로 문제제기를 해야 한다고 생각한다. 인간이라면 누구나 누리고 싶어 하고 또, 당연히 누려야 하는 행복하며 즐거운 성을, 언제까지 수동적 자세로 비장애인들과 사회에서 알아주기만을 바라고 기다릴 수 없기 때문이다.

소비와 쾌락에 물들어 그 끝을 향해서 달려가고 있는 현대 성 문화 현상에 반해, 장애인들이 여러 가지 권리 주장을 시작하며 성에 대해 이야기를 한 역사는 그리 오래되지 않았다. 그러므로 자신의 정체성을 알리고 고정관념들과 부딪히며 장애인도 남과 다르지 않다는 자연스러운 성 인식이 형성되기까지 그만큼의 시간이 더 들 것이다. 그러므로 우리 장애인들이 앞장서 다양한 만남을 경험하며 적극적으로 성 문화를 만들고, 개인이 느끼는 한계를 사회에 끊임없이 건의하는 등 능동적인 방법이 뒤따라야 우리의 성 문화는 비로소 자유롭고 행복하게 다가올 것이다.

역사 속의 장애인의 성

성 윤리와 장애인의 인권

얼마 전 한 개그맨이 TV에서 장애아동들이 있는 시설을 소개하면서 "부모가 평소에 성생활이 얼마나 문란했으면 저런 애들이 나오겠느냐."고 망언을 해서 장애인 부모들을 경악하게 했던 일이 있다.

과거에는 '성' 하면 윤리와 도덕이라는 단어를 떠나서 이야기하기 어려웠다. 왜 성이 윤리와 결부된 것일까. 남녀의 만남과 결합이, 또는 자신의 육체에 흥미를 갖는 것이 왜 윤리와 관계가 있게 된 것일까. 몸이 불편한 장애인이 왜 천벌을 받은 사람, 윤리적이지 못한 사람으로 취급 받는 것일까. 위 질문에 대해 여성이며 중증의 장애인이기도 한 나는 불만과 함께 의문이 생긴다.

전 세계 역사를 통틀어 가장 흥미로운 주제 중 하나가 인간의 성문화일 것이다. 역사의 시초가 동물이든 사람이든, 아니면 또 다른 무언가가 있든 생명이 시작된 기원은 암수가 만나서 짝짓기를 시작한 바로 그때였다.

인간과 성은 애초부터 따로 따로 존재하는 것이 아니었다. 생명의 기원이 되고 쾌락의 원천이 되는 성. 진화론 입장에서 본다면 원숭이들이 번식기에 쾌락 없이 번식을 목적으로 교미했던 형태에서 점차 발정기가 없어지고 서로의 교감을 나누는 단계로 변형되어 왔다.

창조론 입장에서 본다면 태초에는 성 관계 없이 하나님이 남자와 여자를 만드시고 그들이 죄를 지은 벌로 여자에게 출산의 고통을 주셨다고 한다. 비록 처벌이기에 출산의 고통이라고 표현했지만 생명을 잉태하기 위해 성관계를 했고, 그 과정을 귀중하게 여겼다는 것을 느낄 수 있다. 이제, 아름답고 소중한 육체끼리의 결합을 역사가 어떻게 말해왔는지 살펴보도록 하자.

21세기를 사는 지금까지 성이라는 주제는 우리에게 매우 다양한 형태로 연구되고, 흥미꺼리로 제공되기도 했으며 상업적인 의도로 대상화 되어오기도 했다. 바로 이 대상화에 고착화 되어온 대표 주자가 장애인이다.

근대에 들어서 인간의 성을 연구하고 집중 조명한 프로이드나 기타 학자들 중 어느 누구도 장애를 가진 사람들의 성 정체성에 대해 고민하거나 관심을 가진 사람은 없었다. 아니, 성 정체성은 둘째 치고 인간취급조차 제대로 받지 못했으니 성적 욕망을 드러내고 인정받을 수가 있었겠는가. 또, 자본주의 시대에서는 경제력 있고 경쟁력 있는 자가 성의 권력도 누릴 수 있음을 감안하면 장애인은 그저 그들이 던져 주는 밥이나 먹는 것으로 만족해야 하는데 무슨 삶의 주체, 성의 주체가 될 수 있었겠는가.

돈, 경제력이 그 사람의 인격과 행복을 좌우하는 시대에 장애인이 성을 차지할 수가 없었던

것이다. 그나마 지금 선진복지 국가에서는 섹스 서비스제도의 도입으로 장애인들의 섹스 욕구를 인정하는 것처럼 보이지만, 이 또한

동등한 성을 위한 최선책은 아니다. 성이란 단순한 행위만을 의미하는 것이 아니라 사람 사이의 교감, 호감, 따스한 손길 등 모두가 포함되기 때문이다. 이런 문화를 공유할 사회 기반을 마련하는 것이 우선이 되어야 할 것이다.

성 정체성 습득의 기회 박탈

장애인들이 성 정체성을 찾지 못하는 것에는 또 하나의 이유가 있다.

그나마 가정에서 생활한 장애인들은 조금 낫지만, 시설에 있는 사람들은 생활의 범위와 경험하는 세계가 좁을 뿐더러 보호자의 편의에 의해서 편리하도록 옷과 헤어스타일 모두 비슷하다. 대부분 아주 짧은 머리에 액세서리 하나 제대로 할 수 없으니, 멋을 내는 것은 애당초 불가능하다. 여성으로서의 정체성을 가질 수 있는 최소한의 물리적 조건조차 주어지지 않는 것이다. 이들은 성행위, 혹은 자위행위를 억압하느냐의 문제를 떠나서 남성과 여성, 바로 본연의 성 정체성부터 마음껏 누릴 수 있는 자유를 억압당하고 있기 때문에, 자신이 성을 향유할 수 있는 존재인지조차 인지하지 못하고 있는 실정이다.

게다가 '장애인' 하면 떠오르는 이미지들은 약하고, 수동적이고, 유아적이며, 무성적이다. '장애인의 성' 하면 폭력의 대상으로 비춰져 왔다. 약하고 무능력한 존재, 함부로 다뤄도 되는 사람, 그런 인식 속에서 장애인들은 폭력을 당하는 대상이 되어 왔던 것이다.

장애인이라면 모두 인지 능력이 떨어지는가? 신체적인 장애가 지능적인 면과 상관이 있는가? 몸이 불편하면 성적인 욕구도 떨어지는가?

이와 같은 질문에 정확한 정답은 없다. 하지만 많은 사람들이 객관적이고 과학적인 고민과 증거를 내놓지 못한 채 막연한 편견만으로 그럴 것이라고 추측하는 것이다.

물론 이 사회에 편견과 차별, 그리고 소외가 없는 곳은 없다. 인종문제, 계층간의 갈등, 학력에서의 차별 등 도처에 널려 있는 것이 소수자에 대한 소외 문제이다. 그러나 사람을 사랑하는 마음과 성적인 욕망은 선택에 의한 것이 아니라 본성으로 가지고 태어나는 것이기 때문에 사회 제도에 의해 정의 내려질 수 없고, 그 어느 문제보다 심각하게 여겨져야 할 것이다.

기독교 관점에서 시작된 성적 억압

18세기 즈음에도 한참 성이 자유롭다 못해 문란한 시대가 있었다. 그러나 중세시대에 기독교가 문화를 장악하게 되면서 성의 문화는 새로운 터닝포인트를 맞이하게 된다. 즉, 성을 제어하는, 억압하는 방법으로 순결, 경건함을 내세우기 시작한 것이다.

성적으로 깨끗하지 못해서 벌을 받는 내용, 장애의 근본 원인조차 그쪽으로 미루려는 선교. 종교는 그 특성상 필연적으로 인간의 본성이나 자유를 인정하지 않으며 그들이 믿는 신에 의해서가 아닌 인간들의 교화사업을 위해 본능을 억압하고 박탈한다. 마녀사냥처럼 본보기를 내세워 교리에 따르지 않으면 철저히 처형시키는 것이다. 나도 기독교인이다. 하지만 교세 확장을 위해 성의 다양함과 존중감을 박탈하고 이용하는 이론은 반대한다.

르네상스 시대 가톨릭교회에서는 사람들이 교회에 재물을 바치고 그 대가로 죄를 사면 받는 면죄부라는 제도가 있었다. 모든 사람의, 모든 종류의 죄를 없애 준 것은 아니었지만 재물이 비싼 순서에 따라 죄를 용서받았다. 남녀를 막론하고 죄를 짓지 않고 사는 사람은 없기 때문에 교황청에서 이 제도를 시행하자마자 면제를 받으려는 사람들 덕분에 금방 재물이 쌓였다고 한다.

그러나 사람들이 교회로부터 마음에 위안을 얻고 신앙생활을 하려는 순수한 목적보다 바친 재물만큼 죄를 용서해 준다는 행위는 사람들이 자신의 잘못을 덮어놓기 위해서 죄를 대신해 줄 대용물을 찾는다는 얄팍한 뜻에 불과하다. 죄의 본질과 상관없이 다른 상대에게라도 용서를 구하면 아무것도 하지 않는 것보다 낫고, 어떤 종류의 죄를 지었더라도 돈이라는 편리한 대용물로 죗값을 치르면 그만이니 이 얼마나 편리한 제도인가. 이 제도만 봐도 교리에 의한 탄압이 얼마나 무서운 차별과 죽음까지 불러오는지 알 수 있다.

최근 베스트셀러 소설 중에 '다빈치 코드'라는 책이 있다. (기독교적 관점에서 보면) 이교도라고 불리는 시온 수도회 신도들은 여성과 자연을 숭배하여 여러 가지 세계적인 작품들 속에 그들만의 암호를 넣어서 이념을 알렸다고 한다. 모성을 숭상하고 여성을 중요시하는 시온 수도회. 이들이 과연 정죄당해 마땅한 이교도였을까? 마녀재판처럼 자기주장이 강한 여성들을 화형에 처하는, 남성 중심의 기독교 사상이 과연 옳은가?

남과 여. 그 생김과 역할이 다르다 하여 자유를 억압하면 안 되듯이, 장애인들의 생김과 움직임이 다르다고 해서 욕망과 욕구가 억압당해서는 안 된다.

역차별과 자립의 개념

　다른 사람의 희생과 아픔을 강요하면서까지 자유를 누려야 한다고 주장한다면 이 또한 억지가 될 것이다. 또한, 그동안 장애인의 성이 무시되고 억압되어 왔다고 해서 무조건 '장애인도 사람이니 누려야 한다.' 는 단순한 주장만 한다면 오랫동안 쌓여온 차별의 벽을 넘지 못할 수도 있다.

　하지만 변화의 과정에서 또 다른 역차별을 거론하는 사람들이 있다. 이미 모두 알다시피 장애인의 차별은 어제오늘 이야기가 아니다. 얼마나 유구한 세월을 차별과 억압 속에 살았고, 지금도 살고 있는가. 차별들에 지친 장애인들이 비장애인들에게 (그 맺힌 한을 풀어가는 과정에서 발생하는) 비슷한 형태로 되갚는 일이 일어나고 있는 것이다. 바로 이런 역차별이 통합사회를 이루는 데 걸림돌이 되는 것이다. 장애인을 사람답게 살지 못하게 만든 것이 건강한 사람들이라고 하여 그들을 적대시 하는 일들이 많다. 한쪽 부류가 자유를 찾아감에 다른 부류를 희생시키는 역사적 맥락이 되풀이되고 있다.

　장애인의 자립이란 무엇인가. 자립을 한다는 것은 사람간에 발생하는 미묘한 문제들을 잘 풀어내고, 자립생활의 주요관건인 활동보조인을 어떻게 적절히 활용하는지를 아는 것이다. 결코 쉬운 일이 아니다. 활동보조인을 적절히 활용하는 일은 하루아침에 되지 않는다. 시행착오를 겪어야만 좀 더 효율적으로 활용할 수 있는 방법을 익히게 되는 것이다. 하지만 어떤 이들은 자신들이 고용주의 입장이라 하여 활동보조인을 마치 하인부리듯 하는 경우가 있다. 활동보조인을 구하고 활용하기 위해서는 경제적 독립도 중요하지만, 서로를 존중하고 인격적으로 대하는 방법도 함께 알아야 하는 것이다. 서로를 인격적으로 대하는 방법을 사회성 틀에 적용하여 대인관계를 형성하기 위해서 성에 대한 자각과 훈련이 필요하다.

이처럼 동등한 관계 형성을 하는 데는 비장애인의 상호협조가 이루어져야 하고 무조건 성을 누려야 한다는 주장보다 진정한 욕구를 이해시키는, 정교하며 신중한 이론 형성 작업이 함께 이루어져야 한다.

시설의 부재와 누릴 수 없었던 성

인간과 동물, 모두 엄마 뱃속에서 나옴과 동시에 주변과의 관계가 형성된다. 특히 사람은 사람과의 관계 속에서 기쁨과 슬픔을 나누고 아픔과 사랑으로 성장해 간다. 고통과 어려움에 부딪치기도 하며 자신의 허물도, 장점도, 한계점도 찾아간다. 약육강식을 깨닫고, 그러면서 궁극적인 행복을 추구해간다.

모두가 대인관계 속에서 이루어지고, 조직 속에 살아야 경험을 통해 느낄 수 있는 것들이다. 그러나 장애인들이 대인관계를 형성할 수 있는 공간은 거의 존재하지 않을 뿐만 아니라, 장애인간의 소통마저 쉽게 이루어지고 있지 않은 상황이다. 게다가 사회의 인식 부족으로 인해 장애인들이 경험하고, 체험할 수 있는 시설은 턱없이 부족하다. 장애인의 접근성이 고려되지 않은 편의시설과 장애인 전용 편의시설의 부재가 장애인들을 점점 더 세상과 멀어지게 했다. 이 때문에 장애인들은 가까이 할 수 없는 이성을 동경하기만 할 뿐, 성에 대한 어떤 권리도 누릴 수 없었던 것이다.

장애인의 성과 결혼

도대체 성이 무엇이길래?

아직까지 우리사회 공식적인 자리에서 성(sex)에 대해서 얘기하는 것은 '장애' 만큼이나 불편함을 가져오고 있다. 섹스를 할 것이냐 말 것이냐의 선택의 문제에 있어서도 순결서약서를 강요하고 있기도 하다. 또한 가부장적인 성 문화 환경들은 그동안 사회 권력을 잡지 못한 사회적 약자인 소수자의 성 이야기에 대해 본질을 왜곡시키는 편견과 미담 사이를 오갔을 뿐이다. 이를테면 사회적 권력을 갖지 못한 성적 소수자의 하나인 여성들이 후손을 남기지 않는 섹스나 마스터베이션에서 즐거움을 찾는 일들을 외부적인 지면에 언급하는 것 자체가 그 금기에 해당하는 것을 들 수 있다. 또한 장애인이 특별한(?) 대상으로 여겨져서 여기저기 과장되게 포장되어 나붙곤 하는 미담들이 여기에 속할 것이다.

더욱이 사회에 내면화되어 있는 가부장적 질서들을 위협하는 성 담론이라고 할 때 가해지는 폭력은 일일이 열거할 수 없을 지경이다. 즉, 문화의 한 단면을 보여주고 있는 성에 관한 이런 상황들이 결국은 기존 질서를 잡고 있는 정치권력과 맞닿아 있으며, 성 소수자의 성 담론을 통하여 '진실' 을 알려주기란 어렵다고 할 수 있다.

장애인의 성 이야기 또한 마찬가지다. 그러면 그 본질은 도대체 무엇일까?

장애인의 성 이야기를 하기 어려운 가장 큰 이유는 자본주의 사회의 현실과 무관하지 않다. 왜냐하면 인간의 노동을 상품화하는 것이 가장 큰 특징인 사회에서 노동상품의 재생산 구조로써 성이 존재하기 때문이다. 장애인 노동력에 대한 상품가치는 일반 비장애인의 상품가치와는 또 다른 이중적 차별이 존재한다고 볼 수 있다. 합법적인 성의 거래로 인식되어온 결혼이라는 제도 또한 이러한 틀거리와 무관하지 않다.

실제로 자본주의 질서를 지켜내기 위한 결혼 시장은 사람들의 인식을 경직시켜놓고 있다. 여성이 나이가 들면 노처녀라 부르며 가격을 매겨서 비정상적으로 취급하는 것이나, 결혼하지 않으면 '성인' 취급하지 않는 것들이 그러한 예라고 할 수 있다. 뿐만 아니라 비정상적으로 간주되고 있는 독신자가 우리나라에서 살기가 얼마나 어려운지 일일이 열거하는 일들도 입만 아픈 일이 될 것이다. 그래서 많은 장애인들이 사회에 합류하여 살아남기 위해 결혼을 염원하는 것이 아닐까 한다. 일반적으로 보더라도 결혼하는 당사자들이 서로 너무나 '사랑' 해서 모두 '결혼' 하지는 않을 것이다.

우리의 현실은 사회적으로 보장되어야 할 일들이 개별 가족들에게 전가되고 있는 구조로 이루어져 있다. 그래서 사회적 약자인 장애인들이 '결혼' 에 대해서 더더욱 절실하게 느낄 수밖에 때문에 '결혼' 을 꿈꾼다는 것이 정답이 될 것이다. 그렇다고 그 문제를 해결하기 위하여 모든 장애인들을 맞선자리로 유도해낼 수는 없는 것이라 생각된다. 필자가 기대하는 것은 장애인들이나 여타 다른 소외계층들을 위한 복지시스템이 구축되는 것이다.

장애인 성 문제의 새로운 대안(섹스서비스에 대하여)

최근 장애인 성 문제에 대한 대안으로 섹스 자원봉사에 대한 이야기가 논쟁중이다. 일부 외국의 여러 나라들이 공창제를 이용하여 성 문제를 해결하고 있기는 하다. 해서 우리나라에서 실행될 경우 우려의 목소리를 나타내고 있는 것이다.(결국은 장애인의 섹스 자원봉사가 성매매 시장으로 이용되거나, 여성장애인 보다는 남성장애인들에게 서비스가 편중될 것을 염려하기도 한다.) 이쯤해서 공창제를 이용하지 않은 외국의 사례를 살펴보는 것도 나쁘지 않으리라 생각한다.

사례1 : 일부 유럽국가의 섹스도우미 제도

스위스 취리히에 거주하는 장애인들에 직업적인 섹스서비스를 제공하기 위한 시범계획이 사회복지단체에 의해 추진되고 있다고 현지 언론이 전했다. '프로 인피르미스(Pro Infirmis)'의 안젤라 퓌러 취리히 사무소장은 "오랫동안 장애인은 물론 장애인과 함께 일하는 사람들로부터 장애인의 성문제에 관해 들어왔다"며 장애인의 성권리가 간과되고 있다고 '섹스봉사' 계획의 취지를 설명했다.

취리히 사무소는 우선 10명의 '접촉자'를 선발, 훈련을 시킨 뒤 개인적인 차원에서 장애인들에게 섹스봉사를 제공하도록 할 계획이다. 이미 150여명이 '접촉자' 선발에 관심을 표명했다고 사무소 측은 전했다. 또 일정기간이 지난 뒤에는 등록된 매춘부를 훈련시키는 방법 등을 통해 장애인 고객들의 구체적인 요구에 부응할 수 있도록 서비스의 폭이 확대될 수 있을 것이라고 덧붙였다. 장애인에 대한 섹스봉사는 스위스에서는 최초가 될 것이지만 독일, 덴마크, 네덜란드 등 다른 유럽국가에서는 오래 전부터 시행되고 있다고 스위스국제방송은 전했다.

'프로 인피르미스' 측은 이 분야의 선구자인 네덜란드 출신의 니나 데 브리스를 초빙해 시범계획 운영에 관한 조언을 받고 있다. 데 브리스는 지원자들에 대한 엄격한 심사와 강도 높은 교육만이 섹스봉사의 남용 내지 악용을 방지할 수 있는 선결과제라고 지적했다. 그녀는 "교육과정의 주된 부분은 (섹스봉사) 업무의 정신적, 감성적인 측면을 다루는 것이 될 것"이라고 말했다. 퓌러 소장은 "이들은 숨쉬고 먹고 씻는 것으로 일생을 보내기를 원치 않으며 다른 사람들과 마찬가지로 영혼과 감정을 갖고 있다"며 "섹스도 다른 사람들과 똑같이 삶의 일부"라고 시범계획의 당위성을 역설했다.

연합뉴스, 2003년 4월 9일

사례2 : 일본의 정신지체장애인을 둘러싼 환경

코우지와 마유미 커플은 둘 다 정신지체장애인이다. 이들은 결혼하고 싶지만 주위에서 반대가 심하다. 그래서 우선 동거만 하고 있는데, 그래도 결혼할 때까지 섹스는 하지 않을 생각이다. 신체장애인에 비해 정신장애인의 성은 훨씬 금기시되고 있다. 하지만 쉬쉬하다가 성숙한 몸을 제어하지 못하고 일을 저지르는 경우가 있다. 이러한 정신지체장애인을 대상으로 워크숍이 열린다. 워크숍에서는 기본적인 성교육과 함께 연애를 하는 방법도 가르치고 있다. 좀 더 과감한 시도를 하고 있는 이들도 있는데, 바로 정신지체장애인 커플의 섹스에 함께 있으면서 도와주거나 러브호텔을 이용하는 방법을 가르쳐주는 내용이다.

「섹스 자원봉사」중에서

물론 섹스 서비스가 실제로 실행될 때 많은 문제들이 일어날 수는 있을 것이다. 하지만 문제 제기와 대안은, 필요로 하는 사람들과 연대하는 사람들의 정신 속에 있다. 문제가 일어날 수 있다는 가능성 때문에 그 실천적인 시도나 상상이 없다면, 우리가 꿈꿀 수 있는 것은 하나도 없을 것이다. 여러 가지 현실적인 어려움들은 끊임없이 극복해야 할 과제일 뿐이라는 것이다. 그렇다고 외국처럼 공창제를 이용하자는 이야기는 아니다. 복지적 차원의 자원봉사개념으로 생각해봐야 할 것이다. 늘 말하곤 하지만 상상은 정력이며 우리들을 풍요롭게 한다.

사실 장애인의 성과 결혼에 관한 주제는 단숨에 이야기하고 결론을 내릴 수 있는 내용은 아니다. 다만, 장애인 문제에 고민하는 많은 사람들과 이야기를 나누고 토론을 거치는 과정에서 좀 더 나은 내일을 기대해 본다.

에필로그

고백하자면, 나는 라디오 디제이를 시작함과 동시에 이 책을 구상했다. 내가 평소에 생각하고 있었던 여러 가지 문제점뿐만 아니라, 내 인생의 멘토이신 구성애 선생님의 격려와 남편의 지지도 하나의 계기가 되었다. 나는 라디오 방송을 하면서 비로소 나의 삶을 천천히 되돌아볼 수 있는 시간을 가질 수 있었다.

나의 출생에서부터 족쇄처럼 나를 붙들고 있는 뇌성마비, 가난, 그 속에 발견한 새로운 세계와 희망, 학문의 즐거움, 그리고 지금의 내가 있도록 나를 잘 만들고 다듬어준 부모님, 남편, 그 밖의 너무나 많은 고마운 사람들.

난 나의 삶에게, 그리고 나의 삶 속에서 만난 많은 이들에게 빚을 지고 있다. 내가 이 빚을 갚을 수 있는 방법은 단 한 가지이다. 내가 할 수 있는 한, 여러 장애인에게 정신적 자유와 행복을 전달해 주는 것이다. 그리하여 장애인과 비장애인이 평등하게 살 수 있는 세상을 만들어가는 데 일조하는 것이다.

나는 유명한 학자도 아니고, 삶의 어떤 경지에 도달한 현자도 아니며, 다른 사람에 내 경험을 전달하며 교훈을 줄 만큼 나이를 많이 먹지도 않았다. 나는 아직도 해야 할 일이 많고, 겪어야 할 것이 많다. 하지만 동시에 나는 많은 분들에게 내 이야기를 전하고 싶다는 강한 충동을 늘 가슴 한켠에 품고 살아 왔다. 조금이라도 일찍 나의 아픔이나 실패, 깨달음을 전함으로서 나보다 젊은 친구들에게 희망을 전달하고 싶다. 여러분도 마음껏 사랑하고, 결혼하고, 아이를 낳으면서 행복하게 살 수 있다는 사실을 알려주고 싶다. 그것이 이 책을 구상하게 된 첫 번째 동기이자 가장 중요한 이유이다.

　나는 어쩌면 행운아이다. 장애인으로서 꿈꾸기 힘든 사랑과 결혼, 출산이라는 통과의례를 모두 겪어냈기 때문이다. 게다가 나는 나를 위해 완전히 자신의 삶을 내던지셨던 아버지와 어머니를 부모로 가졌다. 이런 조건을 내가 가지고 있다는 사실만으로도 나는 하루하루 조급해진다. 나에게 주어진 이런 행운에는 이유가 있고, 책임이 따른다고 생각하기 때문이다. 내가 가진 것을 어떻게 많은 이들에게 되돌려 줄 수 있을까.

　여러 가지 측면에서 이 책은 나에게 자식과 같은 분신과 다름없다. 나는 이 책을 통해 내가 내 자신에게 했던 약속 한 가지를 무사히 마쳤다는 안도감을 가질 수 있어 홀가분하다. 그리고 이 시점을 발판으로 다시 한 단계 올라설 생각이다. 이 책을 읽는 장애인, 또는 비장애인이 나의 솔직한 체험담과 고백을 읽고 조금이나마 장애인들이 처한 현실과 장애인의 성 문제에 대해 관심을 가져준다면 더 이상 바랄 것이 없겠다.

　우리의 생은 유한하며 변화무쌍하다. 우리는 어느 누구나 예기치 못한 상황에 '장애'라는 거대한 절벽에 부딪힐 수 있다. 우리가 어떤 삶을 살게 될지, 신 이외에는 아무도 알 수 없다. 그러므로 우리는 매일매일 소중한 삶을 유지하기 위해 노력해 나가야 할 것이다. 나는 내가 활동을 할 수 있는 한 최대한 여러 매체를 통하여 목이 쉬도록, 숨이 차도록 의견을 전할 것이다. 장애인과 비장애인의 평등한 사회를 위하여.